ベンツと自動車

ダグ・ナイ　吉井知代子／訳

玉川大学出版部

Picture Credits

The author and publishers would like to express their gratitude to the Benz Motor Museum for permission to reproduce the illustrations in this book.

はじめに

吉井知代子

「ベンツ」と聞くと、高級自動車のことだと思う人が多いのではないでしょうか。それはまちがいではありません。でも、そのベンツ車はもちろん、いまあるすべての自動車の原型をつくった「カール・ベンツ」という人物がいたことも、ぜひ知ってください。

１８８５年、ドイツのカール・ベンツは、世界ではじめての実用的なガソリン自動車を完成させました。車輪は３つ。屋根やドアはなく、乗っている人もエンジンなどの構造《こうぞう》も、外から丸見えでした。

翌《よく》１８８６年に、ガソリン自動車の特許《とっきょ》をとりました。２０１６年の今年から、ちょうど１３０年まえのことです。この特許《とっきょ》をとった３輪自動車は「パテントモトールバーゲン」とよばれ、現代《げんだい》の自動車愛好家にとってもあこがれの、特別な車となっています（パテントは〝特許《とっきょ》〟、モトールバーゲンは〝自動車〟の意味のドイツ語です）。また、ベンツが書いたこの特許《とっきょ》の文書は、世界的に重要であるとみとめられ、適切《てきせつ》な技術《ぎじゅつ》で保存《ほぞん》するように、「ユネスコ記憶遺産《きおくいさん》」に選ばれました（2011年登録）。

ガソリン車は、1900年代にエネルギーの主流が石炭から石油になっていくのにあわせて、ふえていきました。ベンツとほぼ同じころ、ゴットリープ・ダイムラーという人もまた、同じドイツでやはり熱心に自動車づくりをしていました。しかし、ふたりは一度も会って話すことはありませんでした。それぞれに試行錯誤《しこうさくご》を重ねて自動車を完成させたのです。運命とはふしぎなもので、1926年にベンツとダイムラーの会社は合併《がっぺい》しました。そのとき、ダイムラーはすでに亡《な》くなっていましたし、ベンツは引退《いんたい》したあとでした。

さらに時は流れ、ガソリン車の排気《はいき》ガスによる大気汚染《たいきおせん》など、環境《かんきょう》の問題が出てきました。また、石油資源《せきゆしげん》がいつかはなくなるのではないかという不安や、世界情勢《せかいじょうせい》によってガソリンの値段《ねだん》が急騰《きゅうとう》することもあり、いまでは、ガソリンだけにたよらない車の開発が進んでいます。ハイブリッド車や電気車、クリーンディーゼル車など、乗ったことがある人もいるかもしれませんね。これからも新しい自動車が登場するでしょう。

それでは、そのむかし、馬車が行き交う道にはじめてガソリン車を走らせたカール・ベンツのようすを想像《そうぞう》しながら、物語を読んでみてください。

CARL BENZ
1844–1929
M.L.

ベンツと自動車

目次

1

自動車の父

発明家の多くがそうであるように、カール・ベンツもまた、自動車発明のアイデアをゼロからひらめいたのではない。ほかの人たちの考えを組みあわせて、新しい技術《ぎじゅつ》でじっさいに使えるものをつくりだしたのだ。だが、「それなら、たいした努力をしていないのではないか」とは思わないでもらいたい。ベンツがつくったものは、ひじょうに実用的だった。それこそが、ほかの才能《さいのう》ある人たちには成しとげられなかったことだ。

ベンツは「自動車界のジョージ・スティーブンソン」といわれた。スティーブンソンが「鉄道の父」といわれるように、ベンツは「自動車の父」である。ふたりとも生まれながらの優秀《ゆうしゅう》な技術者《ぎじゅつしゃ》であり、またきびしい生い立ちでもあった。ベンツがまだ幼《おさな》いころ父が亡《な》くなり、母はひとりで息子《むすこ》を育てた。母の勇気と、決断力《けつだんりょく》と、がんこなまでの意志の強さが、そのままベンツの性格《せいかく》になった。仕事をはじめたころはこの性格《せいかく》が役にたったが、のちには会社がかたむく原因《げんいん》ともなった。85歳《さい》で亡《な》くなるまえに評判《ひょうばん》を悪くしたのもまた、この性格《せいかく》だった。

ベンツにまつわるまちがったエピソードは、正しておこう。ガソリンを意味するドイツ語「ベンツィン」がベンツの名前にちなんでつくられたという説はうそだ。だが、我《われ》こそが自動車業界ナンバー1だとベンツの会社が主張《しゅちょう》していた20世紀はじめころ、この説のおかげで話題にのぼったのはたしかだ。「ベンツィン」の語の起源《きげん》は、ベンツが生まれる11年まえにさかのぼる。1825年にマイケル・ファラデーが発見した化《か》学物質《がくぶっしつ》に、1833年、ベルリン大学の化学のドイツ人教授《きょうじゅ》がつけた名前が「ベンツィン」なのだ。ベンゼンという化学物質《かがくぶっしつ》の意味の語が、ガソリンの意味ももつようになったというわけだ。ベンツは偶然《ぐうぜん》の一致《いっち》

カール・ベンツ（1844～1929年）
1885年、世界ではじめて実用的なガソリン自動車をつくった。

で得をしたかもしれないが、それだけのことだった。

この本は、内燃機関《ないねんきかん》というしくみを使った初期の自動車が、どのように生まれ、発展《はってん》してきたかについて書いている。馬がひかない乗りものであっても、自動車以外はとりあげない。

カール・ベンツが3輪自動車をつくったころ、エンジンで動く乗りものが想像《そうぞう》もつかないものだったわけではない。すでに蒸気機関《じょうききかん》の時代ははじまっていた。カールの父親は蒸気機関車《じょうききかんしゃ》が走る鉄道で働いており、その仕事が原因《げんいん》で亡《な》くなっているのだ。また、道を走るはじめての蒸気自動車《じょうきじどうしゃ》は、1769年にフランスのニコラ＝ジョゼフ・キュニョーが、大砲《たいほう》を運ぶことを目的として発明していた。それはカールが生まれるより数十年もまえのことだ。その後、蒸気自動車《じょうきじどうしゃ》は

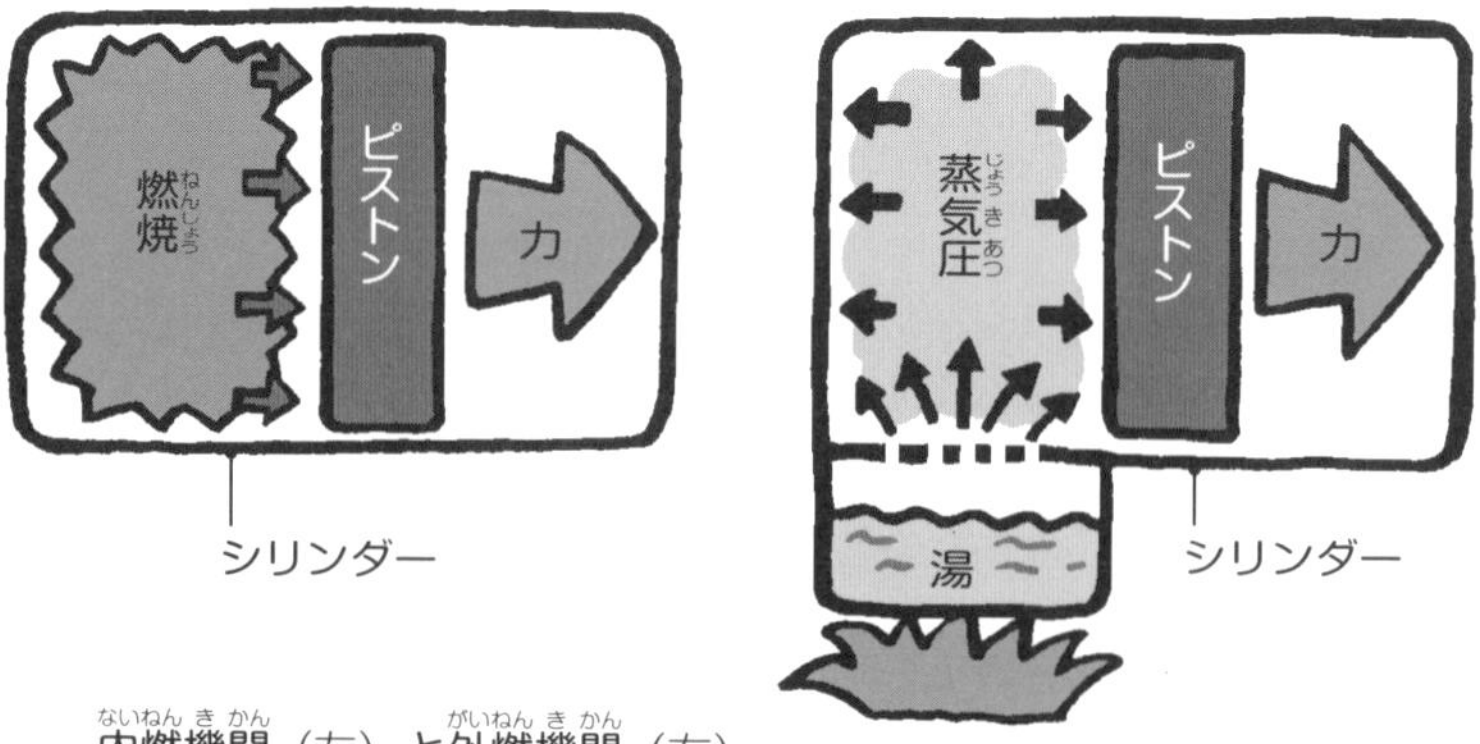

内燃機関《ないねんきかん》（左）と外燃機関《がいねんきかん》（右）
内燃機関《ないねんきかん》は、シリンダ　のなかで燃料《ねんりょう》を燃《も》やして、その力でピストンを動かす。一方《いっぽう》、外燃機関《がいねんきかん》は、石炭などを燃《も》やして水を水蒸気《すいじょうき》に変え、その水蒸気《すいじょうき》の力でピストンを動かす。

1880年代のイギリスで多く見られるようになった。だが、蒸気機関《じょうききかん》（外燃機関《がいねんきかん》）を使った乗りものには欠点があった。馬車のように馬がひく必要はなく、蒸気機関車《じょうききかんしゃ》のようにレールをしく必要もない乗りもので、蒸気自動車《じょうきじどうしゃ》よりも効率《こうりつ》のいいものはないだろうか。そこでベンツが能力《のうりょく》を発揮《はっき》し、世界的名声を得ることになる。

まずは、ベンツのまえに発明されたエンジンについて、1859年から1883年のできごとをかんたんに見ておこう。

最初の内燃機関《ないねんきかん》は、シリンダーがひとつだけの単気筒《たんきとう》だった。シリンダーのなかにはピストンがあり、そこで爆薬《ばくやく》を燃焼《ねんしょう》させると、燃焼《ねんしょう》によって起きた力がピストンをシリンダーのはしまでおす。このピストンの動きが力となって外のしくみに伝わって、石を入れた袋《ふくろ》くらいの重さのものなら数センチもちあげることができた。ただし、燃焼《ねんしょう》したあとの爆《ばく》発物《はつぶつ》を1回ごとにとりのぞき、ピストンをシリンダーのなかのもとの位置へもどし、また爆薬《ばくやく》を用意して……と、同じことをくりかえす。これではまだ実用的なものになりそうもなかった。

その後、蒸気《じょうき》の時代がはじまった。シリンダーの外側にある外燃機関《がいねんきかん》によってシリンダー内に蒸気《じょうき》をつくり、その蒸気《じょうき》がピストンを動かすエネルギーとなった。つづいて、すぐれたバルブが発明され、蒸気《じょうき》で動くピストンエンジンが効率的《こうりつてき》な往復運動《おうふくうんどう》をできるようになると、その成果を活《い》かして、同じピストンとシリンダーを使った内燃機関《ないねんきかん》がつくられた。内燃機関《ないねんきかん》は、蒸気機関《じょうききかん》に欠かせない火を燃《も》やすためのボイラーやごちゃごちゃとした管をなくすことができたので、小型で便利なものになった。

最初の実用的な内燃機関《ないねんきかん》は、多くの功績《こうせき》を残したベルギー生まれの発明家エティエンヌ・ルノワール（1822～1900年）が1859年につくった。ベンツが15歳《さい》のころだ。ルノワールは、ガスエンジンの開発に力を注ぎ、この年にルノワール自動車会社を設立《せつりつ》。パリのロケット通りに工場をかまえた。1860年1月には、石炭ガスをシリンダー内で燃焼《ねんしょう》させるエンジンで、フランスでの最初の特許《とっきょ》をとった。特許明細書《とっきょめいさいしょ》には、「わたしの発明は、第一に、ガス（点火のために使う）を空気とまぜあわせ、電気で着火して推力《すいりょく》（ものをおしすすめる力）を得ることだ。第二に、その同じガスを使うように設計《せっけい》した機械の構造《こうぞう》だ」とある。

同じ年の2月、ルノワールは特許《とっきょ》の内容《ないよう》に、装置《そうち》とその働きについて追加し、イギリスで、この分野における自分の発明をすべてふくんだ完全な特許《とっきょ》を取得した。

ルノワールのエンジンは、まったく新しい発明というわけではなく、蒸気《じょうき》機関《きかん》と同じでピストンの両側から動くもの（複動式《ふくどうしき》）だった。重いフライホイール（はずみ車）を回転してエンジンをかけると、クランクシャフトがまわる。コネクティングロッドがピストンを半分までさげ、シリンダーの上部にガスと空気が送りこまれる。これを電気で爆発《ばくはつ》させ、その爆発《ばくはつ》の力がピストンを完全におしさげる。ピストンがさがるときにシリンダーのなかの圧《あつ》力《りょく》がへり、温度がさがる。このとき、大気中《たいきちゅう》への排気《はいき》が起こる。ピストンがもどるときに、同じことが逆《ぎゃく》の方向でくりかえされる。シリンダーは冷却《れいきゃく》水《すい》が通るウォータージャケットでおおい、点火はブンゼン電池と誘導《ゆうどう》コイルでおこなわれた。点火のタイミングは、クランクシャフトといっしょに回転する絶縁《ぜつえん》された円盤上《えんばんじょう》の接点《せってん》で調整できる。点火プラグは、セラミックの容《よう》器《き》に約4ミリの間隔《かんかく》をあけて2本のワイヤーをとりつけたものを使った。

1863年、ルノワールは発明したエンジンを小さな「馬なし馬車」にとりつけ、パリの自分の工場からバンセンヌとジョアンビルルポンまで、時速

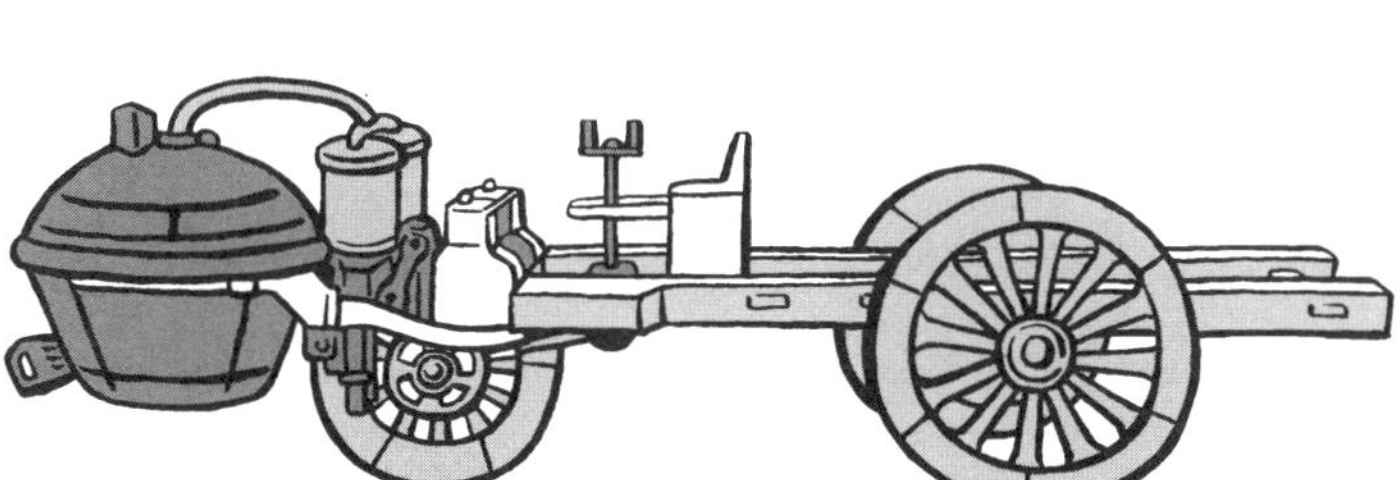

キューニョーのつくった蒸気自動車《じょうきじどうしゃ》

4キロで運転した。そのエンジンは1・5馬力《ばりき》のパワーしかなく、回転数は毎分たったの100回転。補給用《ほきゅうよう》のガスをのせていることもあり、ひじょうに重い車だった。

まもなく、ルノワールの興味《きょうみ》は、車ではなくボートをガスエンジンで動かすことへと変わっていく。はじめてボートに使ったエンジンは2馬力《ばりき》のものだった。そのとき、ボートこそが最高の実験台だとわかったのだ。冷却用《れいきゃくよう》の水を運ぶ必要がないので重さを軽くできたし、ボートの大きさによるとはいえ、エンジンの容量《ようりょう》については制限《せいげん》がないようなものだった。1865年、ボートを買った人のために個人的《こじんてき》に6馬力《ばりき》のエンジンをつくったが、モーターの回転がおそかったため、ボートの速度もじれったいほどおそかった。

それでも、ルノワールのガスエンジンは工場や作業所で使われる定置型エンジンとしておおいに注目されることとなった。蒸気機関《じょうききかん》とはちがってすぐにエンジンをかけられるし、動いていないときまで燃料《ねんりょう》を燃《も》やしておく必要がないのもよかった。問題は、たくさんの冷却水《れいきゃくすい》が必要なことだけだった。

ルノワールがボートのエンジンに使っていた燃料《ねんりょう》は、石炭ガスだった。そのようなかれとはべつに、ガソリンを燃料《ねんりょう》にした4サイクルエンジンで世界初の実用的な自動車をつくる一歩手前までいった人がいた。オーストリアに住むユダヤ系《けい》のすぐれた発明家ジークフリート・マルクスだ。

マルクスは、5年の実験を経《へ》て1868年に車を動かせるようになり、1875年にはそれなりに使える乗りものにしあげた（時期としては、ベンツが31歳《さい》のころだ）。荷車の後輪をはずしてフライホイールをふたつつけ、ガソリンエンジンをのせた。1870年にとった写真がいまも残っている。1873年にはウィーン万国博覧会《ばんこくはくらんかい》に出品した。マルクスは、夜、車で近くの道をうろうろと走りまわった。友人をできるだけたくさん乗せていき、故障《こしょう》が起きて動かなくなったときにはみんなでおしてもらうようにした。マルクスがいるとわかると、まわりに人だかりができた。マルクスは車を多くの人に見てもらいたかったのだが、社会にめいわくをかけているとみなされ、警察《けいさつ》から公道を走ることを禁止《きんし》されてしまった。

マルクスはたしかに天才だったが、つぎつぎにちがう研究に手を出し、どれも完成させないままだった。けっきょく自動車についても、たな上げとなった。

1883年、ルノワールはフランスで新しいエンジンを開発した。単気筒《たんきとう》4サイクルエンジン（40ページのコラム参照）で、点火のまえに吸気《きゅうき》・圧縮《あっしゅく》するため、効率《こうりつ》がひじょうによくなった。燃費《ねんぴ》もよくなり、新しい装置《そうち》への関心は高まった。だがそのとき、問題が起きた。

4サイクルエンジンは、ドイツで1876年に、ニコラス・オットーが特許《とっきょ》をとっていたのだ。その特許《とっきょ》はフランスの会社にすでに売られていて、まだ8年間の有効期間内《ゆうこうきかんない》であったため、ルノワールは特許侵害《とっきょしんがい》でうったえられた。

ルノワールにはフランスにあるべつのエンジン会社が味方につき、1862年にはすでにフランスの有名な技術者《ぎじゅつしゃ》アルフォンス・ボー・ド・ロシャが4サイクルエンジンの発明をしていたことをあげて、オットー側のうったえに対抗《たいこう》した。オットーもロシャも、おたがいの研究については知

マンハイムに建てられた、カール・ベンツの最初の工場。

らずに、同じころ実験をしていたようだ。オットーの特許権《とっきょけん》を買った会社は、ロシャがエンジンの構造《こうぞう》をかいた図面がないので、その主張《しゅちょう》は正しくないとした。しかしルノワール側は、くわしくかかれた文を読めばだれもが理解《りかい》できることをしめし、裁判《さいばん》に勝った。

オットーの独占権《どくせんけん》は8年で失効《しっこう》した。ルノワールと支持者《しじしゃ》たちのおかげで、4サイクルエンジンはだれもに開放されたのだ。こうして、効率《こうりつ》のよい内燃機関《ないねんきかん》を使った乗りものを開発したいと願うすべての技術者《ぎじゅつしゃ》たちに道は開かれた。いよいよ、自動車の父カール・ベンツの物語がはじまる。

2 母と息子《むすこ》

わたしたちが知っている現在《げんざい》の自動車は、最初からこのように発明されたわけではない。アイデアあふれる頭脳《ずのう》が生みだしたものが、子どもがおとなになるように成長し、いまの車になったのだ。その完成にはひとりの立役者《たてやくしゃ》がいた。ドイツ人技術者《ぎじゅつしゃ》のカール・ベンツである。

ベンツは、じっさいに走るガソリン自動車を世界ではじめてつくった。そのベンツ１号車が、１００年以上かかって、改良され、まねをされ、現代《げんだい》の車へと発展《はってん》していった。

１８４４年11月25日、カールは、父ヨハン・ゲオルク・ベンツと母ヨゼフィーネ・ベンツのひとり息子《むすこ》として生まれた。父ヨハンは子どものころからずっと機械学に興味《きょうみ》をもち、当時はカールスルーエ鉄道（ドイツのカールスルーエとハイデルベルクを結ぶ鉄道）の機関士をつとめていた。息子《むすこ》のカールが生まれる20年近くまえには、「ジョージ・スティーブンソンがつくった蒸気機関車《じょうききかんしゃ》がイギリスではじめて鉄道を走った」というニュースに心をおどらせた。ヨハンは、ドイツ南部にあるシュバルツバルト（植えられている木々のようすから「黒い森」という意味のこの名がつけられた森・山地）の小さな村で、代々《だいだい》かじ屋と村長をかねていた家の息子《むすこ》として育った。やがて家を出て結婚《けっこん》し、カールスルーエの近くにあるミュールドルフに住む。妻《つま》のヨゼフィーネは、苦労の多い家庭で育っていた。ヨゼフィーネの父はナポレオン軍に徴兵《ちょうへい》され、過酷《かこく》なモスクワ遠征《えんせい》からもどらず悲劇《ひげき》の死

カールスルーエ工業高等学校の学生だったころのベンツ
勉強にはげみながら、時計の修理《しゅうり》をしてお金をかせぎ、母を助けた。

をとげていたのだ。

カールには、両親ゆずりのいくつかの性質《せいしつ》があった。父親からは機械への愛と理解《りかい》を、母親からはひたむきさと意志の強さを受けついだ。若《わか》いころには長所だった意志の強さは、がんこ者にもつながり、のちに仕事の先行きをくもらせる短所にもなるのだが……。

ベンツ一家は幸せにくらしていた。ドイツ統一《とういつ》まえの小さな王国や公国《こうこく》がひしめきあう混乱《こんらん》の時代だったが、父ヨハンは熱心に働き、当時としてはまずまずの収入《しゅうにゅう》があった。だが、幸せは長くはつづかなかった。

カールが2歳《さい》のときだ。機関車が通る線路をきりかえる転轍手《てんてつしゅ》が、うっかりミスをした。転轍手《てんてつしゅ》はいそいでポイントをきりかえたのだがまにあわず、徐行《じょこう》してきた蒸気機関車《じょうききかんしゃ》は脱線《だっせん》し、線路わきのやわらかい地面につっこんでとまった。おおぜいの鉄道員がいそいで集まり、霧雨《きりさめ》がふるなか汗《あせ》を流しながら重い機関車をひきあげ、線路へもどした。さいわい、運行ダイヤに大きなおくれは出なかった。しかし、そのとき作業をした鉄道員のひとりだったヨハンはかぜをひいてしまう。2日後には起きあがれなくなり、肺炎《はいえん》と診断《しんだん》された。当時はまだ肺炎《はいえん》を治す抗生剤《こうせいざい》はなく、ヨハンはだんだんと体が弱り、亡《な》くなってしまった。

カールスルーエ鉄道は、ヨハンのまじめな仕事ぶりと、直接的《ちょくせつてき》ではないものの機関車を線路にもどす手伝いが死因《しいん》となったことを考えあわせ、妻《つま》のヨゼフィーネに年金をはらうことにした。だがそれは、母と子がふたりで生きていくのにぎりぎりの金額《きんがく》でしかなかった。ヨゼフィーネは、息子《むすこ》の将来《しょうらい》のためにもなんとかしてくらしを上向きにしなければと考え、料理人の職《しょく》についた。その仕事は、少ない年金をおぎなうとともに、ヨゼフィーネの能力《のうりょく》を最大に活《い》かせるものだった。

ヨゼフィーネは、年金とわずかな賃金《ちんぎん》とで、息子《むすこ》を小学校へ通わせた。息子《むすこ》に、がんばって勉強をして、将来《しょうらい》役人になり、安定したくらしをしてほしいと願ってのことだ。それが、当時カール・ベンツのような家庭環境《かていかんきょう》の子どもでも望める〝よい人生〟だった。

カールはじつに頭のいい少年で、自然科学の教育レベルが高いことで知られるカールスルーエ中等学校の入学試験に、やすやすと合格《ごうかく》した。この学校は週30時間の授業《じゅぎょう》があり、そのうちの4時間が物理にあてられていた。カールはすぐに物理が大好きになり、成績《せいせき》もよかった。

カールスルーエ中等学校の学費は、年金からはらうにはぎりぎりの額《がく》だったが、ヨゼフィーネはつねに息子《むすこ》の将来《しょうらい》を第一に考えていた。倹約《けんやく》してたくわえ、息子《むすこ》が家で研究できるように、小さな実験室をつくった。

自分のためにつくしてくれる母に、カールは優秀《ゆうしゅう》な成績《せいせき》をとってこたえ、カールスルーエ工業高等学校へ進学した。国が助成する高等工業学校だ。

そのころにはカールも青年となり、食べるものや着るものにもっとお金がかかるようになった。そこでヨゼフィーネは下宿人《げしゅくにん》をおいて収入《しゅうにゅう》をふやし、カール自身も、時計の修《しゅう》理《り》をしてお金をかせいだ。

カールスルーエ工業高等学校には優秀《ゆうしゅう》な先生がそろっていた。なかでもカールに大きな影響《えいきょう》をあたえたのが、フェルディナント・レッテンバッハー先生だった。レッテンバッハー先生は、実用的な内燃機関《ないねんきかん》をつくることに強い関心があり、独自《どくじ》の研究開発を進めていた。カールは先生の研究に心をひかれ、先生もカールのことを理解《りかい》の早い生徒だとみとめてくれていたのだが、残念ながら早くに亡《な》くなった。後任《こうにん》のフランツ・グラスホフ先生もまた内燃機関《ないねんきかん》の研究に熱心な先生で、〝工業高等学校エンジン〟の研究をひきついだ。ふたりの功績《こうせき》についてはあまり知られていないが、そのエンジンは、ルノワールが1859年につくって商業的にも成功したガスエンジンと、方向性《ほうこうせい》が同じだったようだ。

カールは、レッテンバッハー先生とグラスホフ先生に教わることで、高度で実用的な科学の研究開発にふれて成長した。ルノワールのエンジンが、ドイツ人技術者《ぎじゅつしゃ》マックス・アイトの、シュトゥットガルトにある機械工場に導入《どうにゅう》されたときには、カールはすっかり内燃機関《ないねんきかん》のとりこになっていた。

カールはさらに3年間研究をつづけ、工業高等学校を卒業するころには、豊《ゆた》かな理論的《りろんてき》知識《ちしき》にくわえて、じっさいにおこなってこそ得られるたしかな経験《けいけん》を求めるようになった。

そのころ、息子《むすこ》のために長年身《み》を粉《こ》にして働いてきた母のヨゼフィーネは、とうとう体をこわしてしまった。カールは、母のそばにいられるように錠前師《じょうまえし》の仕事についた。そうしてカールが収入《しゅうにゅう》を得るようになると、母親の気苦労《きぐろう》もいくらか軽くなって体も回復《かいふく》した。カールは、またぞんぶんに研究ができるようになった。

経験《けいけん》を積みたいと願ったカールは、カールスルーエ機械工業会社に新人機械工としてやとわれた。鋳造歯車《ちゅうぞうはぐるま》、機械装置《きかいそうち》、蒸気機関車《じょうききかんしゃ》、タービン、ボイラーなどをつくる、当時としてはとても大きな会社の従業員《じゅうぎょういん》になったのだ。条件《じょうけん》はよかったが、仕事はきびしかった。週に6日、朝6時から夜7時までの長時間、働きづめだ。きつく、ときに危険《きけん》なこともあった。

20歳《さい》の機械工カールが、同僚《どうりょう》を手伝って機関車の下に重い部品をとりつけていたときのことだ。鋳造所《ちゅうぞうしょ》から部品がとどいたので同僚《どうりょう》とふたりで機関車の下にもぐり、あおむけになって作業していた。機関車は木の支柱《しちゅう》で上にもちあげてあったが、部品のとりつけがもうすぐおわるというとき、バリバリと大きな音がひびいた。支柱《しちゅう》の1本がくずれて、ほかの支柱《しちゅう》も耐《た》えきれずに折れはじめたのだ。重い機関車がずれてきて、いまにもふたりの上に落ちそうになった。あわててほかの工員たちが滑車《かっしゃ》で機関車をひきあげてくれたため、カールと同僚《どうりょう》はすんでのところではいだした。

こんな間一髪《かんいっぱつ》の経験《けいけん》をしても、機械技師《きかいぎし》になりたいという夢《ゆめ》がゆらぐことはなかった。それから2年間、同じカールスルーエの工場で働いて多くのことを学んだのち、技師《ぎし》としてヨー・シュバイツァー社に入ることになり、マンハイムにひっこした。しばらくは工場で働き、やがて設計部《せっけいぶ》にうつった。その2年後にはまたひっこして、プフォルツハイムにあるベンキーザー兄弟社につとめることになった。

ベンキーザー社は、技師《ぎし》と鋳鉄業者《ちゅうてつぎょうしゃ》をたくさんかかえた大会社《だいがいしゃ》だった。そこでカールは、機械の設計《せっけい》や製造《せいぞう》などあらゆる分野で実践的《じっせんてき》な経験《けいけん》を積んだ。さまざまな仕事をするが、どれも蒸気機関《じょうききかん》とガスエンジンにかかわる仕事で、工作機械や小型の発電機を動かすためのものだった。おかげで、当時つくられていたエンジンの可能性《かのうせい》と限界《げんかい》をじゅうぶん知ることになった。

1870年9月、おそれていたことが起こる。勇敢《ゆうかん》な母ヨゼフィーネが亡《な》くなったのだ。カールは25歳《さい》で天涯孤独《てんがいこどく》となった。しかし、母が亡《な》くなってまもなく、ベルタ・リンガーと出会い、ふたりは恋におちる。プロイセン・フランス戦争（1870～1871年。ドイツ統一《とういつ》をめざすプロイセンと、それをはばもうとするフランスとの戦争。フランスが負けて、ドイツの統一《とういつ》がなされた）のあとのドイツでは、雇用《こよう》がへり、生活に不安があったため、結婚《けっこん》は先にのばした。

カールはオーストリアのウィーンへ職《しょく》をさがしにいったが、機械技師《きかいぎし》の仕事はドイツよりも少ないくらいだとわかり、すぐにマンハイムへもどった。そして1872年7月、ベルタと結婚《けっこん》した。カールが27歳《さい》、ベルタは23歳《さい》だった。

妻《つま》ベルタ
1872年に結婚《けっこん》。

新生活のスタートとほぼ同じころ、カー

ルはアウグスト・リッターと共同で小さな機械工場をひらいた。

　ドイツは景気が悪く、たちあげたばかりの無名に等しい工場にとっては、とくにきびしかった。小さな会社「ベンツ・ウント・リッター社機械工業所」はうまくいかなかった。利益《りえき》が少なく、ベンツとリッターのふたり分の給料を出すのもままならない。しばらくきびしい時期がつづき、口論《こうろん》もあった末に、カールは自分のわずかな貯金《ちょきん》と妻《つま》の少ない資金《しきん》でリッターの権利《けんり》を買いとった。しかし、それも一時しのぎでしかなかった。

　カールの小さな会社は、ほかの多くの会社と同じく、不景気のドイツで生きのこるのに必死だった。つらくきびしい灰色《はいいろ》の時代。それでも、カールとベルタには明るいできごともあった。1873年にオイゲン、翌年《よくねん》にはリヒャルトという、ふたりの息子《むすこ》が生まれたのだ。貧《まず》しいながらも、子どもたちを育てていくことになる。

　カールはプフォルツハイムに住む仕事仲間にお金を借り、かたむく会社をたてなおそうとした。ところが、その借金を返せずさらに苦しくなり、会社を売りはらうよりほかに道はないと思われた。ありとあらゆる手段《しゅだん》を試してすべて失敗におわった最後の最後に、銀行から融資《ゆうし》を受けられることになり、工場の建物を残すことができた。とはいえ、融資《ゆうし》の金額《きんがく》はじゅうぶんではなかったので、工場のなかの機械や道具は売らなければならず、ほ

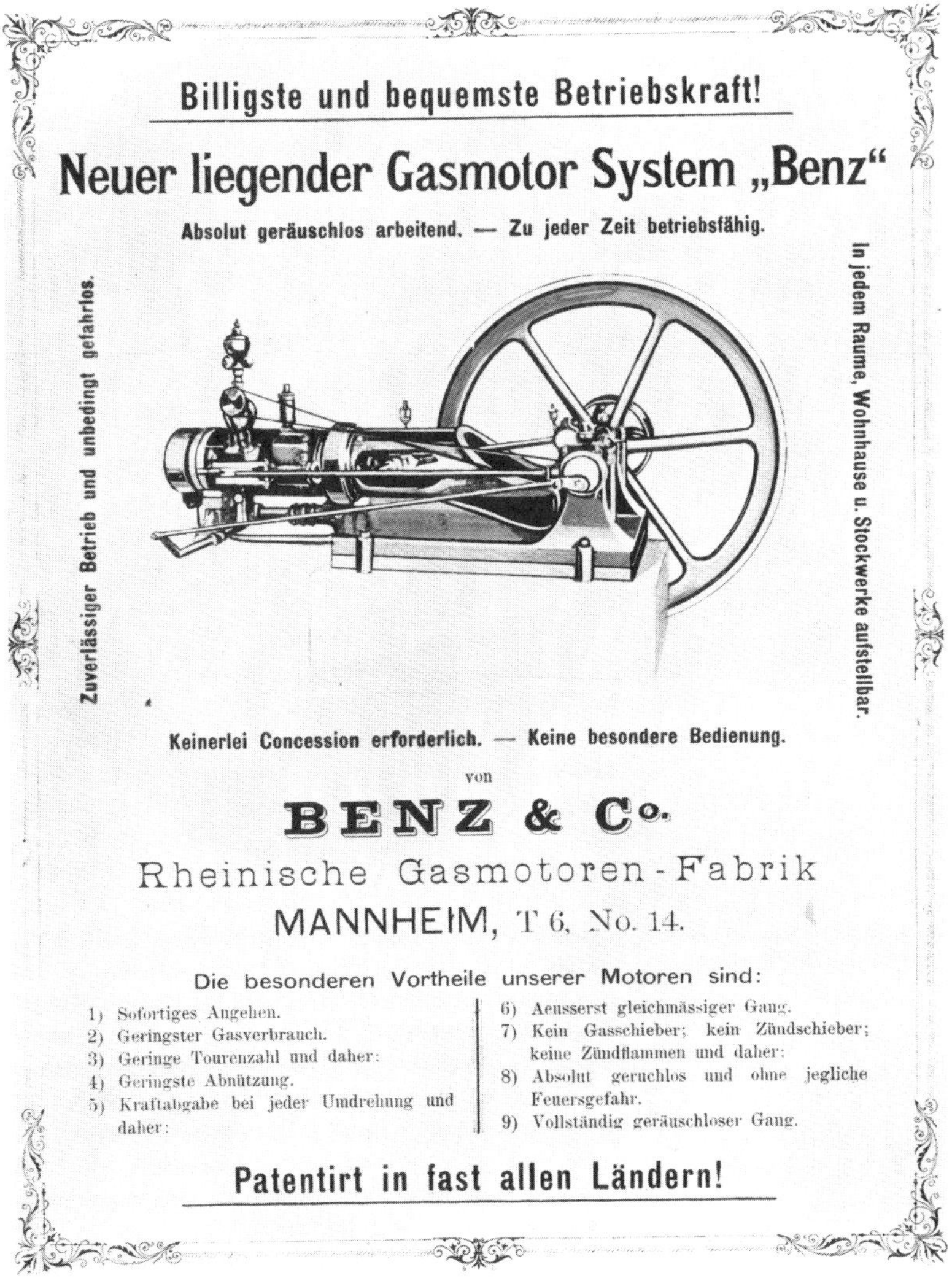

ベンツ最初の定置型エンジンの広告

とんどからっぽの工場だけが残った。

　ふつうならば、あきらめてだれかの会社にやとってもらおうとするところだが、カールはちがった。カールの機械工場は、ほかの会社の部品をつくる下請《したう》けもしており、それがまずまずの評判《ひょうばん》となった。そうして得た少ない利益《りえき》の大半をまた資金《しきん》にして、ガスエンジンの開発を進めた。工場をすてる気などなかった。妻《つま》とふたりで、強い独立心《どくりつしん》と、なにがあろうと曲げない決意をもってのぞみ、会社は生きのこることができた。

　カールは一生懸命《いっしょうけんめい》に働いた。そして1878年冬、カールにとって最初のエンジン、「2サイクルエンジン」が進歩しはじめる。1回の動きで2つの行程《こうてい》をおこなうエンジンのことだ。ピストンが上がるときに「吸入《きゅうにゅう》と圧縮《あっしゅく》」、ピストンが下がるときに「燃焼《ねんしょう》と排《はい》気《き》」をおこなう。現在《げんざい》の自動車では、4つの行程《こうてい》をおこなう「4サイクルエンジン」（40ページのコラム参照《さんしょう》）が多い。カールは、売りはらわずにすんだ手動の道具を使って仕事をした。長い時間をかけてこつこつと手作業をするうちに利益《りえき》が少しずつ出るようになり、やがて工場にまた新しい機械を入れられるまでになった。

3 ベンツとダイムラー

ドイツのマンハイムでのベンツ一家の生活は貧《まず》しかったが、そんななかでもベンツは、1880年に最初のエンジンをつくり、テストをおこなっていた。熱心に開発をつづけ、質《しつ》の高い2サイクルエンジンができる手ごたえを感じた。テストの結果はよかったので、あとは取引先《とりひきさき》を見つけることが肝心《かんじん》だ。

ベンツは、すぐれた技術者《ぎじゅつしゃ》だがセールスは得意ではないため、苦労した。どこもお金がなく、取引先《とりひきさき》になれそうなところなどなかった。そんなとき、以前ベンツの仕事ぶりにとても感心していた写真家が資本《しほん》の提供《ていきょう》を申しでた。新エンジンの細かい部分を開発して生産できる段階《だんかい》までしあげるのにじゅうぶんな額《がく》だった。

ところが、また問題が起きた。ドイツ特許局《とっきょきょく》が、ベンツの特許申請書《とっきょしんせいしょ》はあいまいに書かれているためにみとめられないといってきたのだ。

がんこなベンツが特許局《とっきょきょく》の言い分をすんなり受けいれるはずがない。第一、その申請書《しんせいしょ》を書いたのはベンツ自身である。エンジンの技術責任者《ぎじゅつせきにんしゃ》であり、設計者《せっけいしゃ》であり、発案者である自分が、まちがうはずがない。申請書《しんせいしょ》にはずいぶん手間をかけ、ことばづかいにも注意し、エンジンのことが完ぺきにわかるような説明を書いた。

もちろん、まちがっていたのは特許局《とっきょきょく》のほうだった。はげしいやりとりは、15か月間もつづいた。

とにもかくにも、ベンツはエンジンの生産をはじめた。

ベンツの会社は1881年、マンハイム商業登記に「マンハイマー・ガスエンジン工業」の名前でのった。だがまもなく、また問題が起きる。その会社には共同経営者《きょうどうけいえいしゃ》がいた。新しいエンジンのセールスを担当《たんとう》するオットー・シュムックだ。シュムックはお金にこまっており、自分の借金を返すために、ふたりの会社の株《かぶ》を売る羽目《はめ》になった。その結果、決定権《けっていけん》をもつ株主《かぶぬし》が9人にもふえ、1882年10月には「会社」としての正式なとりきめがなされて「マンハイム・ガスエンジン工業」とよばれるようになったのだ。

ベンツは、自分の会社がシュムックのせいで他人のものになってしまったことに腹《はら》をたてた。そして、事業の方針《ほうしん》をめぐって新しい株主《かぶぬし》たちと口論《こうろん》になった末、この会社をはな

初期のベンツの工場

エンジン工場というより、いなかの別荘《べっそう》のような雰囲気《ふんいき》だ。

れて、また自分の会社をたちあげようとした。

ガスエンジンの特許《とっきょ》と設計《せっけい》をめぐって、当然のこととしてベンツは、まえの会社の共同《きょうどう》経営者《けいえいしゃ》たちを相手どって裁判《さいばん》を起こした。しかし、裁判《さいばん》には負け、少ない資本金《しほんきん》をさらにへらすことになってしまった。人生どん底だ。

ところが、絶望《ぜつぼう》のトンネルの先にとつぜん希望の光がさす。マックス・C・ローゼとフリードリッヒ・W・エスリンガーというふたりの知人が、新しい会社の設立《せつりつ》のために資金《しきん》を援助《えんじょ》してくれることになったのだ。「ベンツ商会ライニッシェ・ガスエンジン工業」という名前の新会社が、マンハイムに誕生《たんじょう》した。

こうしてベンツは、１８８３年から１８８４年にかけての冬、お金の心配から解放《かいほう》され、思うぞんぶんエンジンの開発にうちこんだ。そして、馬がひかなくても自力で走る乗りもの、「自動車」のアイデアをかためていく。それは、エンジンを研究していくうちに当然のように出てきたアイデアだった。ベンツは、フランスとアメリカで、電気点火をとりいれた最新型エンジンの特許《とっきょ》をとった。

さて、同じころ、自動車の歴史に名を残すもうひとりの偉人《いじん》ゴットリープ・ダイムラーという人物が、ドイツのカンシュタット（マンハイムからおよそ100キロはなれたところ）で同じような研究をしていたことを紹介《しょうかい》しよう。ベンツより10歳年上《さいとしうえ》のダイムラーは、ニコラス・オットー（4サイクルエンジンで、1876年にドイツで特許《とっきょ》をとった人物）のもとで働いたあと、1882年にカンシュタットにある自宅《じたく》の裏庭《うらにわ》で工場をはじめた。同じくオットーの会社をやめた仲間の技師《ぎし》ビルヘルム・マイバッハとともに、すぐれた高速エンジンをつくろうとしていた。

1883年はじめ、ダイムラーは熱管点火方式《ねつかんてんかほうしき》を開発し、それこそが高速エンジン完成のための大きな足がかりになると考えていた。熱管《ねつかん》とは白金《はっきん》の細いパイプで、一方《いっぽう》をシリンダーの上部にとりつけ、もう一方《いっぽう》のはしをシンプルなバーナーで熱しておくものだ。現代《げんだい》の技術《ぎじゅつ》からすれば、かなり幼稚《ようち》なものに思えるだろう。のちにベンツもそのように感じるのだが、ダイムラーはひじょうに優秀《ゆうしゅう》で、先見《せんけん》の明《めい》がある技術者《ぎじゅつしゃ》だった。

ダイムラーとマイバッハの最初のエンジン3つは、裏庭《うらにわ》の工場ですぐに完成した。小型の軽いエンジンで、かつてのオットーとルノワールのエンジンが毎分200回転だったのにたいし、こちらは毎分900回転だった。燃料《ねんりょう》はガソリンで、エンジンにとりつけた小さなタンクに入れて運べるため、街のガス管は必要なかった。

ダイムラーとマイバッハは、大成功まちがいなしだと絶対《ぜったい》の自信をもって、以前働いていたオットー&ランゲン社に新エンジンをもちこんだ。ところが、オットー&ランゲン社は取引《とりひき》をことわった。その理由として、なんと、自動車のエンジンなどつくる価値《かち》はないといったのだ！

ベンツと同じくダイムラーも、馬がひかなくても自力で動く車が人を乗せて道を走るようすを頭に思いえがいていた。ルノワールとマルクスの低速エンジンよりもずっと実用的になった高速エンジンの成功は、大きな前進だ。ダイムラーは、完成したエンジンを2輪車にとりつけた。当時の自転車はとても背《せ》が高く、前輪が大きく後輪が小さいものが一般《いっぱん》的《てき》だった。前後の車輪が同じ大きさで背《せ》の低い安全型自転車はまだめずらしかった。バランスのよくない自転車に大きく重いエンジンを積んでオートバイにしても、あまり便利にはならないので、ダイムラーは木と鉄を使って安全型自転車をつくり、まんなかにエンジンをとりつけた。車輪は木製《もくせい》。タイヤは、その木に鉄の帯を焼きばめた（加熱して膨張《ぼうちょう》させた帯状《おびじょう》の鉄をはめ、冷やして固定する）。

そうしてできたエンジン式木製《しきもくせい》2輪車《りんしゃ》は重く、また、あきらかにそまつなつくりだった。多くの専門家《せんもんか》が、ダイムラー初のオートバイはバランスが悪くて運転できないと批判《ひはん》した。

そこで1885年11月10日、息子《むすこ》のパウル・ダイムラーは、カンシュタットからウンタートゥルクハイムまで3キロを往復《おうふく》し、運転できることを証明《しょうめい》した。だが、ダイムラーのオートバイはこれが最初で最後となった。マルクスやルノワールが数年まえに自動車づくりをやめたように、ダイムラーにとってもこれが、ひとまず終点だった。

ここでカール・ベンツがふたたび登場する。ベンツの車は、じっさいに使えるものだった。それがやがて、わたしたちが知っている現代《げんだい》の自動車まで発展《はってん》する。

ローゼとエスリンガーが支援《しえん》をしてくれるおかげで、ベンツはお金の心配をすることなく研究に精《せい》をだし、馬がひかなくても自力で人を乗せて走る車を形にしていった。

ベンツもダイムラーも、当時の社会状況《しゃかいじょうきょう》を考えに入れていた。そもそも道路を走るスピードは2000年まえとほぼ同じで、速くなってはいなかった。平均的《へいきんてき》な馬の速度である時速20キロ〜30キロをしのぐことよりも、車体が耐《た》えられるスピードにすることが大事だった。乗りものの種類をふやし、すぐに使えるもの、できるだけ経費《けいひ》がかからないものにすることが求められた。

経費《けいひ》を、現代《げんだい》のお金の価値《かち》で計算してみよう。馬車の場合は、車1台と馬3頭と必要な道具を用意するのにおよそ1000ポンド（現在《げんざい》の日本円で約2000万円）。それらを維《い》持《じ》する費用と、御者《ぎょしゃ》（馬車をあやつる人）をやとうお金とで1年にさらに1200ポンドかかった。馬車で1日に走れる距離《きょり》は、最長で50キロ弱。乗りたいときにすぐ乗れるものではなかった。馬小屋から馬をひいてきて、馬具をつけて、車につながなければならず、御者《ぎょしゃ》がひとりでは不十分なこともあった。

そのような馬車にくらべ、すぐに乗れて自力で動く自動車には、すぐれたところがたくさんあった。1日に走れる距離《きょり》はぐっとのびた。馬が全力を出したとしても、がんじょうにつくられたエンジンにはスタミナも力もかなわなかった。乗りたいときにすぐ乗れるし、馬小屋がいらなくなってあいたスペースを、もっと経済的《けいざいてき》に使えるようにもなる。馬のえさ代と寝《ね》わらに1年あたり300ポンドかかるが、車なら燃料《ねんりょう》とオイルとで1年に80ポンドですむ。車の持ち主が自分で運転し、メンテナンスもするなら、かかるお金は1年に600ポンド。馬車にかかる費用のおよそ半分だ。

ベンツもダイムラーも、スピードを追いもとめるのではなく、じっさいに使ううえで必要なことに重きをおいて実験をした。ふたりは下層階級《かそうかいきゅう》と中流階級の出身だったが、中流のなかでも上位階級でよく乗られている馬車は、馬2頭だて（2頭の馬がひく馬車のこと）、また金持ちの上流階級では4頭だてであることから、2馬力《ばりき》から5馬力《ばりき》のあいだで機械で動く乗りものをつくれば、あらゆる層《そう》の要望にこたえられるはずだと考えた。「馬力《ばりき》」というのは、一定時間あたりの仕事の量をあらわす単位で、もともとは、馬1頭と同じ仕事量のことを1馬力《ばりき》とした。いまでは「1馬力《ばりき》」は、1秒間に75キログラムの重さのものを1メートル動かす力をいう。

こうして、ベンツのアイデアは時代の最先端《さいせんたん》を行くものとなった。1885年、自動車が歴史的なスタートをきる。

ベンツは、何か月もかかってたくさんの設計図《せっけいず》をかいた。そしていくつか基本的《きほんてき》な点を決めていった。大まかな特徴《とくちょう》はこうだ。まず、車輪がうしろにふたつ、まえにひとつの3輪車であること。エンジンはうしろにつけること。ベンチシートの運転席がひとつ。縦《たて》についている棒《ぼう》ハンドルで前輪を動かして操縦《そうじゅう》すること。そして、エンジンの力を、ベルトやチェーンで軸《じく》へ伝えて後輪をまわすことだ。

それでは、ベンツがつくった最初の自動車のしくみをくわしく見ていこう。

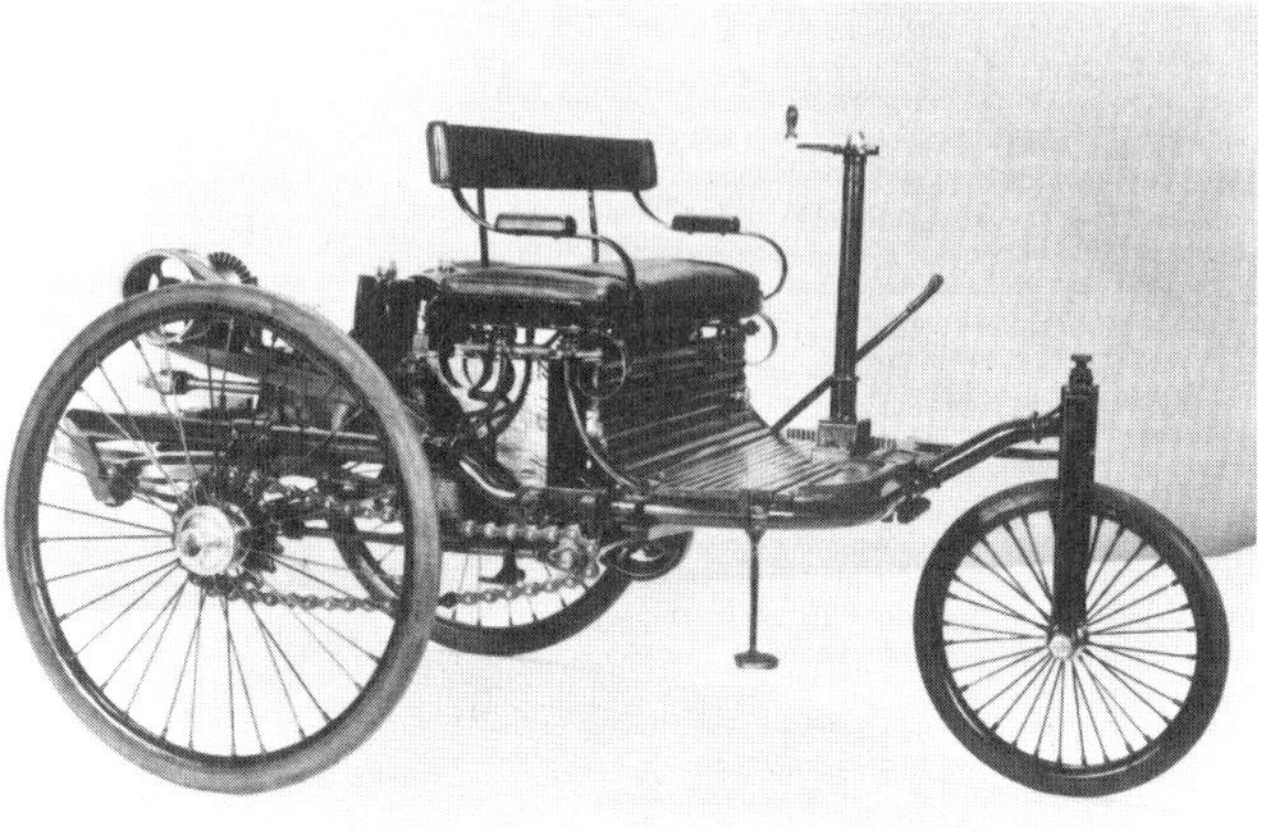

1885年、マンハイムでベンツがつくった最初の自動車（3輪自動車）

フレームに銅管《どうかん》、車輪には自転車の車輪を使った。

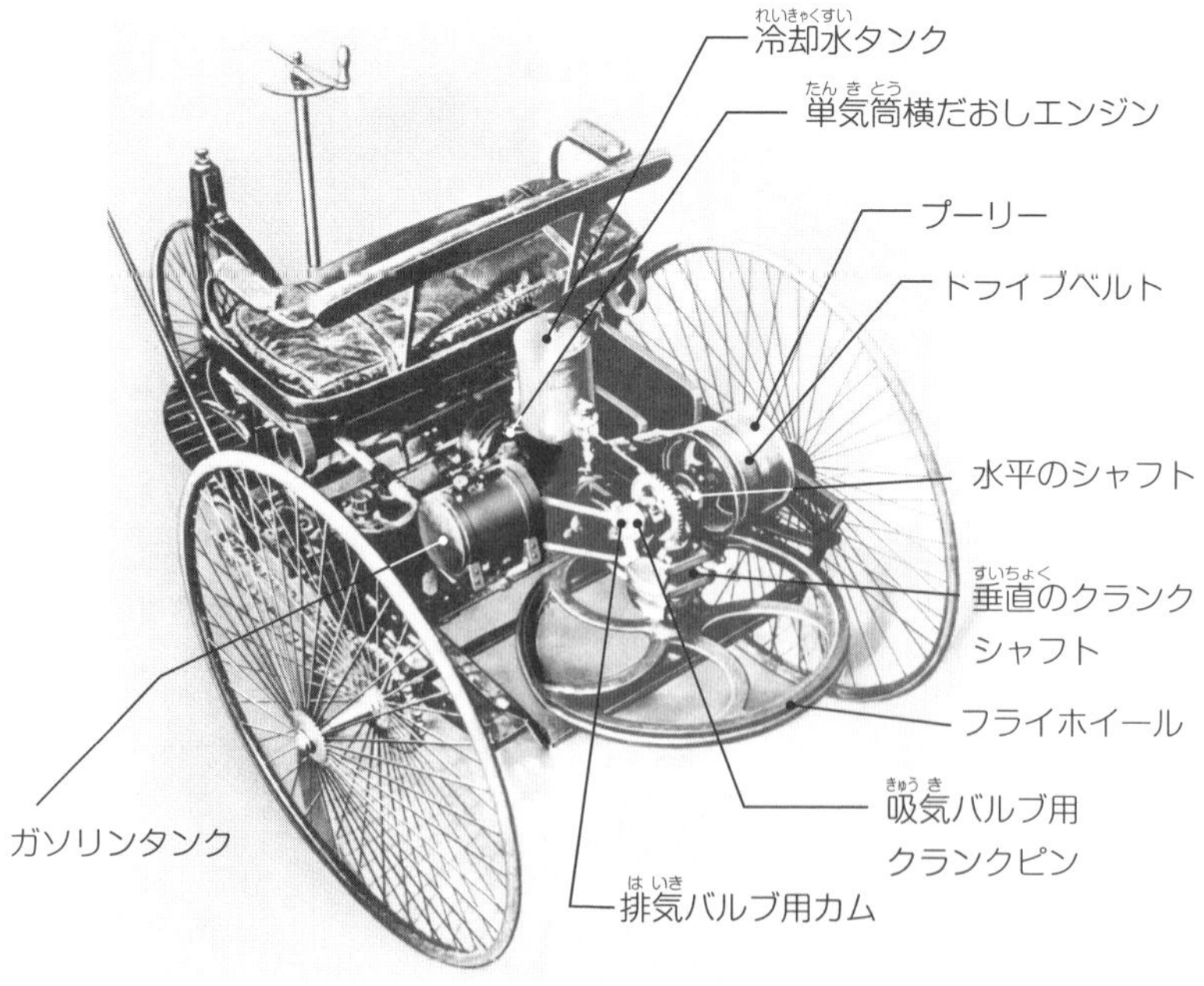

車のうしろに、エンジンと水平につけたフライホイールがある。

単気筒《たんきとう》4サイクルのエンジンが横だおしにおかれている。エンジンの力が垂直《すいちょく》のクランクシャフトを動かす。クランクシャフトの下で、重いフライホイールが水平に回転して、エンジンの動きを制御《せいぎょ》する。クランクシャフトの上端《じょうたん》は、水平についた短いシャフトと連動している。倍の大きさの傘歯車《かさはぐるま》でかみあわせることで、短い**水平のシャフトはクランクシャフトの半分の速さで動く**。この水平シャフトのはしにクランクピンがあり、吸気《きゅうき》バルブの開閉をする。また同じところが排気《はいき》バルブ用のカムになっており、排気《はいき》バルブの開閉をする。

水平シャフトのもう一方のはしに、「プーリー」がある。このプーリーがドライブベルトを動かす。ベルトは運転席の下を通り、左右にわたしてあるカウンターシャフトまでのびている。車がとまったままでエンジンをかけるアイドリング状態《じょうたい》では、ベルトは、カウンターシャフトのまわりで空転するプーリーを回転させる。このときカウンターシャフトはまわらない。

カウンターシャフトの上にやや短い**コントロールシャフト**があり、ベルトの位置決めをするふたつの「ペグ」がついている。ふたつのペグのあいだにはさまるようにドライブベルトがかかっている。ベルトの移動は、運転手の左側にあるレバーで操作《そうさ》する。運転席に

4サイクルエンジンの行程《こうてい》

①**吸気《きゅうき》**　ピストンがさがり、開いた吸気《きゅうき》バルブから、シリンダーのなかに空気とガソリンの混合気《こんごうき》がすいこまれる。

②**圧縮《あっしゅく》**　ピストンがあがり、シリンダーのなかの混合気《こんごうき》が圧縮《あっしゅく》される。このとき、吸気《きゅうき》バルブも排気《はいき》バルブも閉じている。クランクシャフトはここで1回転。

③**燃焼《ねんしょう》**　圧縮《あっしゅく》した混合気《こんごうき》に点火プラグで火花を起こし、燃焼《ねんしょう》（爆発《ばくはつ》）させる。吸気《きゅうき》バルブ・排気《はいき》バルブともにしまったままで、ピストンは爆発《ばくはつ》でおしさげられる。

④**排気《はいき》**　排気《はいき》バルブが開き、ピストンがあがって、燃焼《ねんしょう》したガスを外へ出す。ここでクランクシャフトはもう1回転したことになる（4行程《こうてい》のあいだに2回転する）。

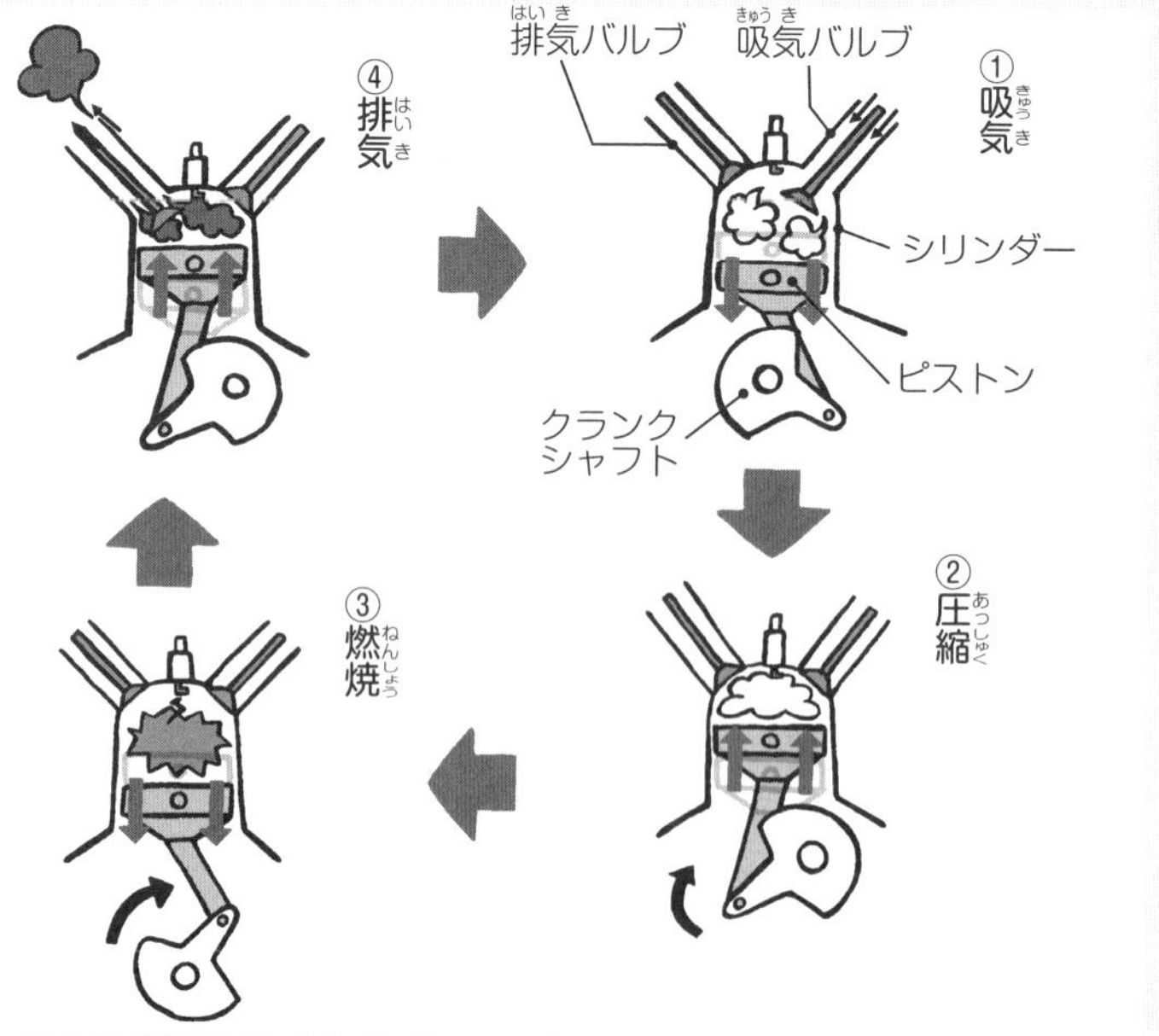

水平のシャフトはクランクシャフトの半分の速さで動く

クランクシャフトが2回転するあいだに水平のシャフトは1回転だけするように、倍の大きさの傘歯車《かさはぐるま》をかみあわせて、回転の速度を半分にしている。なぜかというと、クランクシャフトが2回転するあいだに、エンジンは「吸気《きゅうき》」「圧縮《あっしゅく》」「燃焼《ねんしょう》」「排気《はいき》」というひとかたまりの動きをすることになり、それに合うように水平のシャフトが1回転して、吸気《きゅうき》バルブ・排気《はいき》バルブの開閉を1回ずつおこなうためだ。

水平のシャフト

クランクシャフト

傘歯車《かさはぐるま》
(写真提供《ていきょう》：トヨタ博物館《はくぶつかん》)

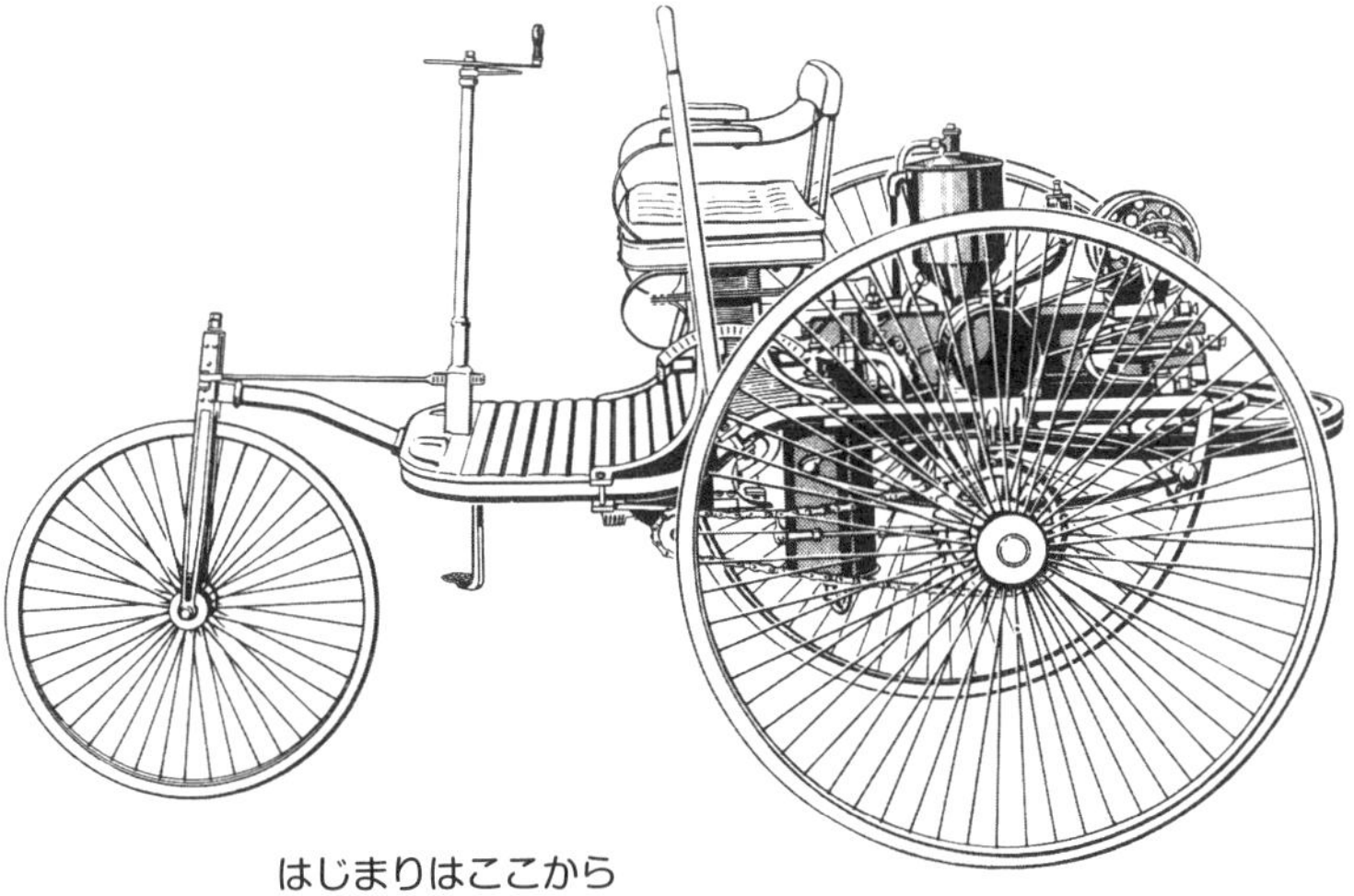

はじまりはここから
いまの自動車の原型。

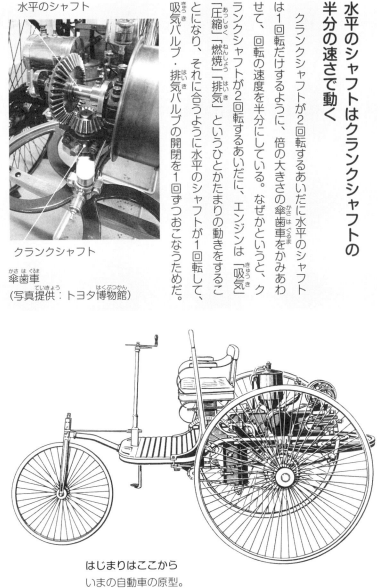

すわりレバーをまえにたおすと、コントロールシャフトが右から左へ動き、ペグがベルトを、右はしの空転プーリーからまんなかに固定されている駆動《くどう》プーリーへと移動《いどう》させる。これでカウンターシャフトがまわり、ニュートラル（エンジンは動いているけれど、動力がタイヤに伝わっていない状態《じょうたい》）だった車がまえへ走りだす。レバーをうしろいっぱいにひくと、コントロールシャフトが左から右へ動き、ベルトが空転プーリーにのり、エンジンの力が伝わらなくなる。

　駆動《くどう》プーリーには**デファレンシャルギア**が組みこまれている。駆動力《くどうりょく》が伝わってくると、プーリーのなかでかみあっている2個《こ》の傘歯《かさは》車《ぐるま》がそれぞれ回転し、カウンターシャフトと

コントロールシャフト

運転手の左手にあるレバーを操作《そうさ》してコントロールシャフトを動かし、ドライブベルトを駆動《くどう》プーリーか空転プーリーに移動させて、車を動かしたりとめたりする（この絵ではドライブベルトが駆動《くどう》プーリーにかかっているので、車がまえへ走る状態《じょうたい》）。

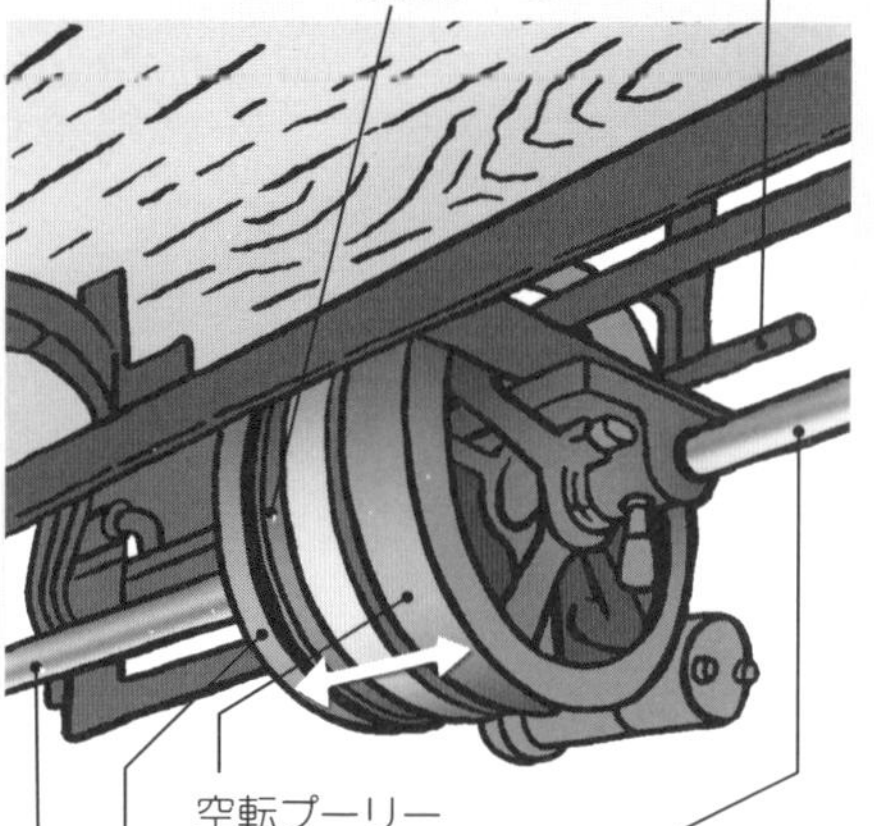

デファレンシャルギア

自動車がカーブを曲がるときには、カーブの内側のタイヤよりも外側のタイヤのほうが、動く距離《きょり》が長くなる。このとき、もしも1本のシャフトに左右のタイヤがついていたら、内側のタイヤと外側のタイヤが同じ回転数になってしまい、うまく曲がることができない。そのため、シャフトを2本にしてそれぞれにタイヤをつけ、2本のシャフトのまんなかにデファレンシャルギア（差動装置《さどうそうち》）をつけることで、カーブを曲がるとき、内側のタイヤはゆっくり、外側のタイヤは速くまわるようにしている。下の図のようなデファレンシャルギアが、駆動《くどう》プーリーに組みこまれていた。

カーブをまがるとき、車の後輪は長さのことなる弧《こ》の上を通る。

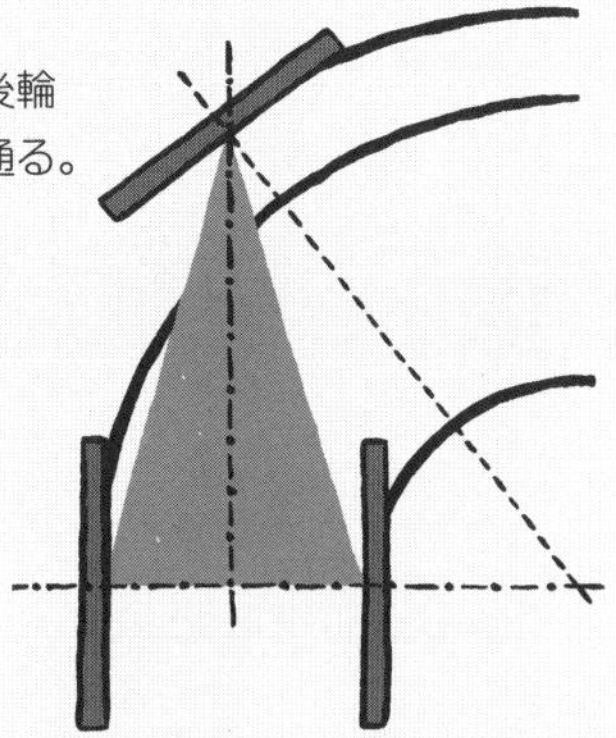

デファレンシャルギアの働きかた

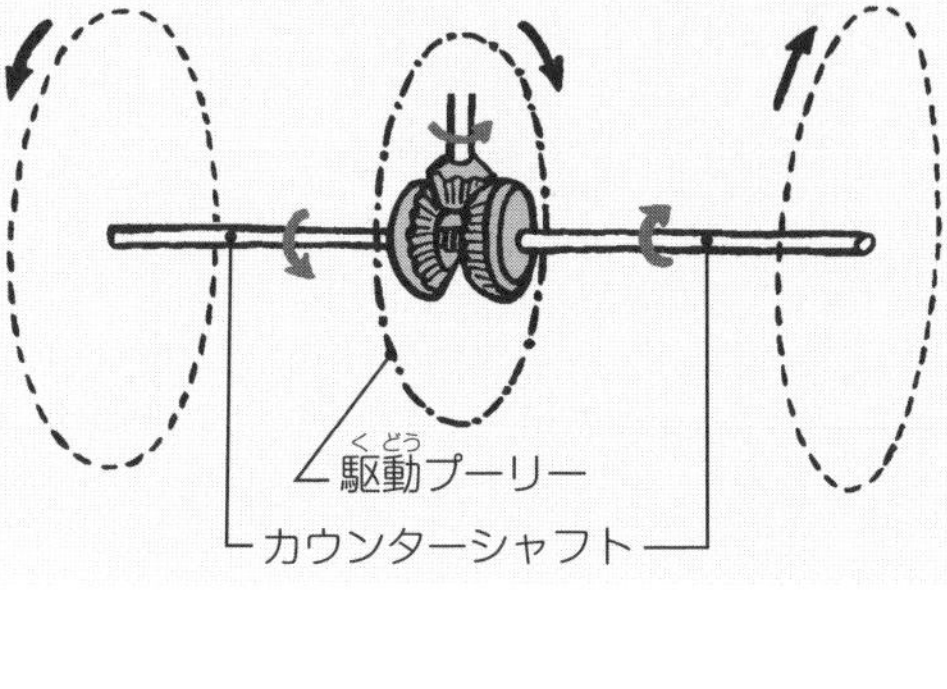

その両はしに焼きばめされているチェーンスプロケットを動かす。そしてチェーンの動きが左右の後輪に伝わる。後軸《あとじく》は全楕円《ぜんだえん》リーフスプリング（板ばね）で車体とつながっている。車輪のホイールとタイヤは、自転車の金属《きんぞく》スポークとゴムタイヤを使った。前輪は後輪よりずっと直径が小さく、スプリングはついておらず、単純《たんじゅん》にラック・アンド・ピニオン式（ハンドル操作《そうさ》でシャフトがまわり、先についているピニオン（歯車）がラック（歯のついた棒《ぼう》）を動かして、ラックのはしの車輪を動かす方式）で操縦《そうじゅう》する。

　エンジンは、ウォータージャケットでおおって冷却《れいきゃく》する。シリンダーの上に大きな貯水《ちょすい》タンクがあり、水をシリンダーのまわりのウォータージャケットに入れ、蒸発《じょうはつ》させていく。エンジンの熱で沸騰《ふっとう》した水

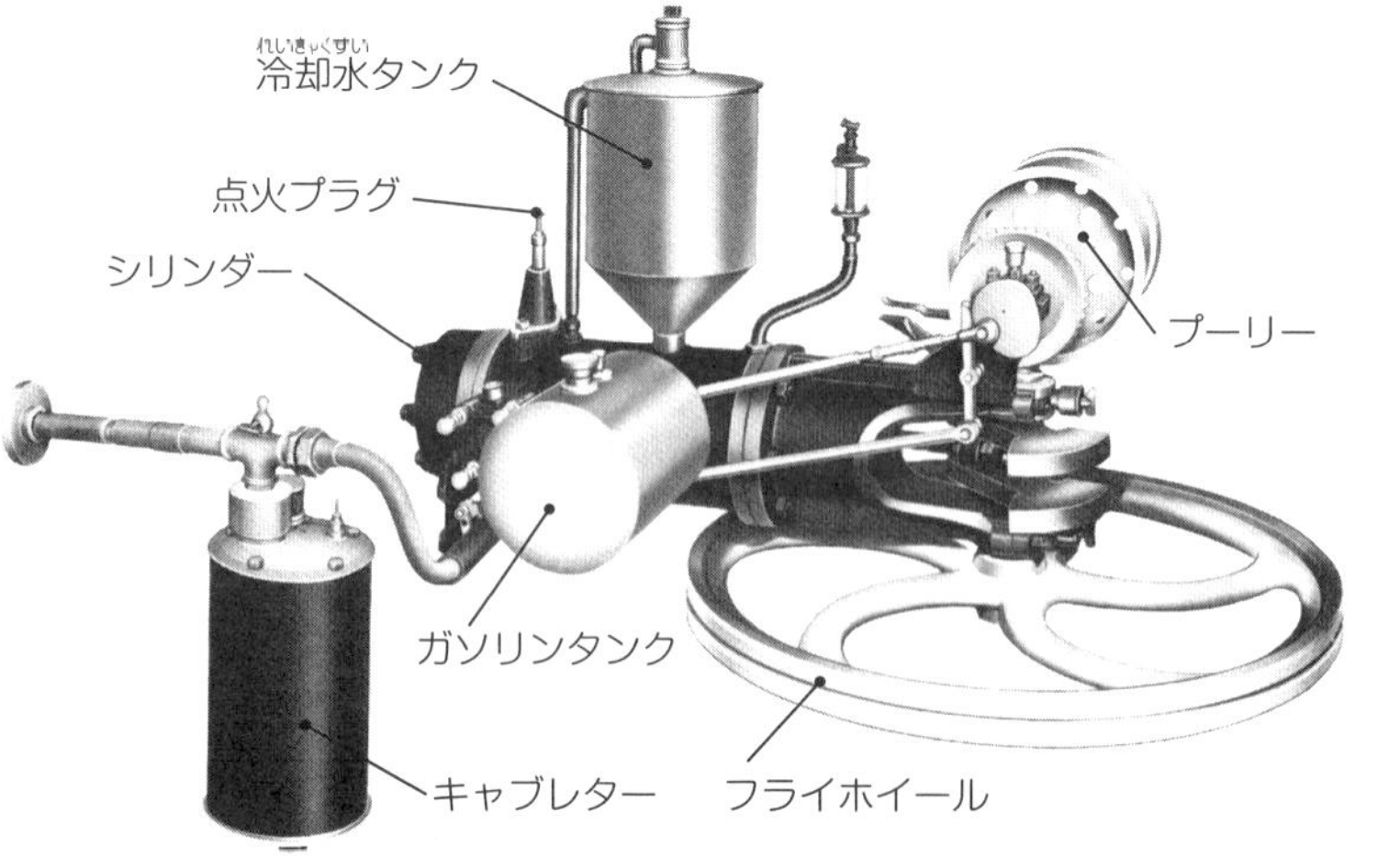

現代《げんだい》の自動車エンジンの先がけ

ベンツが1886年に特許《とっきょ》をとった「パテントモトールバーゲン」のエンジン部。

は放出管から出る。1886年にベンツがとった特許《とっきょ》には、「ラジエーター」が記されていた。縦格子《たてごうし》のようにパイプをならべて、熱くなった水がそのなかを通って冷やされ、またウォータージャケットにもどる装置《そうち》だ。この装置《そうち》は蒸気《じょうき》も大気中に出され、ポンプ式ではなく、装置内部《そうちないぶ》の水の循環《じゅんかん》は対流によるものだった。

ガソリンは、エンジンの左横にあるタンクから、重力にまかせてキャブレター（気化器＝次ページ右の図を参照）に落としていく。1886年の特許《とっきょ》によると、このキャブレターにはガソリンを温めるための工夫があった。キャブレターの底にドーム状《じょう》の空間があり、そこへ排気《はいき》ガスを送るしくみになっているのだ。空気はキャブレターの上部から筒状《つつじょう》の部屋へ入る。筒《つつ》は下で細くしぼられ、ガソリンに浸《つ》かっている。そのため、空気はとても速くガソリンにひきこまれる。空気とガソリンの混合物《こんごうぶつ》が排気《はいき》ガスのドームで温められて、細かい霧《きり》になる。ガソリン表面より上に金属板《きんぞくばん》を重ねて、吸入管《きゅうにゅうかん》に液体《えきたい》ガソリンが入りこまないようにしている。こうして混合気《こんごうき》だけを、気化器の上部を通してエンジンへ送る。

キャブレターを出た混合気《こんごうき》は、エンジンの吸気《きゅうき》バルブにとどくまえに空気がまぜられる。座席《ざせき》の左にあるバルブをまわして空気をとりこむ穴《あな》の数を変え、混合気《こんごうき》と空気の割合《わりあい》を濃《こ》

ベンツの定置型エンジン
工場の動力源《どうりょくげん》として広く使われた。

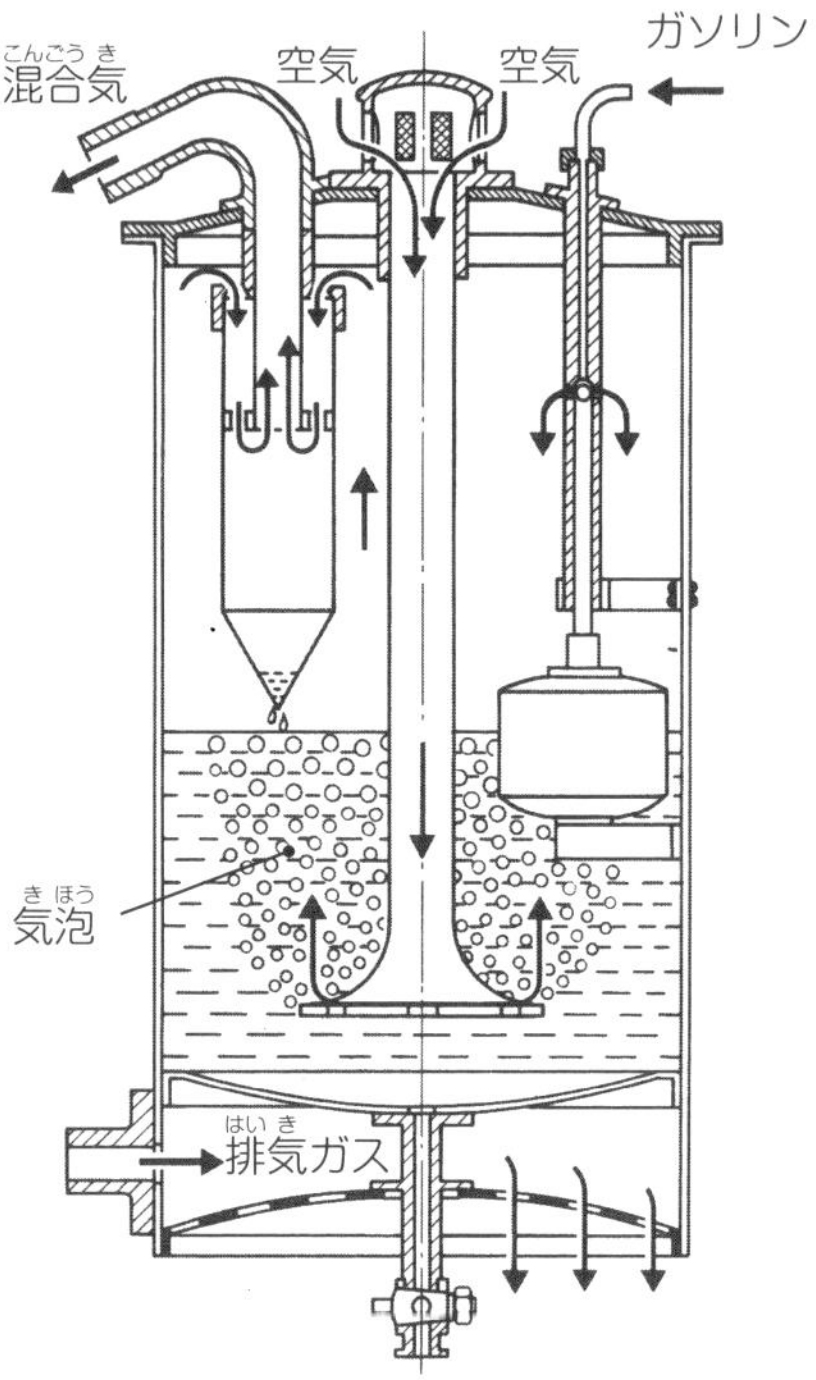

ベンツのキャブレター（気化器）

キャブレターは、ガソリンと空気をまぜあわせて、自動車を動かす燃料《ねんりょう》である「混合気《こんごうき》」をつくるもの。

右上のフロート弁《べん》からガソリンが入る。

底のドームには排気《はいき》ガスが入り、上のガソリンを温める。

温まったガソリンと、まんなかの筒《つつ》から入ってきた空気がまざりあう。

左上にはバックファイア（エンジンで燃焼《ねんしょう》して起きた火炎《かえん》が逆流《ぎゃくりゅう》してくること）をふせぐ管があり、エンジンのシリンダーへ混合気《こんごうき》を送る。

くしたり、うすくしたりする。キャブレターの上にある管には、吸気行程《きゅうきこうてい》や圧縮行程《あっしゅくこうてい》で爆発《ばくはつ》が起きてガソリンタンクの下で発火するのをふせぐ工夫があった。キャブレターから出る蒸気《じょうき》は不燃性《ふねんせい》ではないので、爆発《ばくはつ》はときどき起こった。そこでベンツは、金網《かなあみ》を重ねたふたをつけ、ガソリンと空気の混合気《こんごうき》をキャブレターへ逆《ぎゃく》もどりさせないようにした。

点火装置《てんかそうち》は、ブンゼン電池と誘導《ゆうどう》コイルだった。エンジンは４分の３馬力《ばりき》だ。銅管《どうかん》でつくった重い車体にすべてをとりつけると……動いた！

残念ながら、この３輪自動車がはじめて走った正確《せいかく》な日時はわからないが、新時代の幕《まく》あけとなるこのできごとは、１８８５年の春、ベンツ工場の中庭で起きた。同じ年の秋、ベンツの３輪自動車は時速12キロで公道を１キロ走った。そして１８８６年の夏にはマンハイムの道をたびたび走り、おなじみの光景になった。

ベンツがダッダッダッダッと音をたてて運転するようすが目にうかぶ。３輪自動車は人びとから注目され、行く先ざきでさわぎになったので、ベンツは警察《けいさつ》からなにかいわれるのではないかと心配した。予想は的中し、警察《けいさつ》はその突飛《とっぴ》な発明品を、通行妨害《つうこうぼうがい》するものとみなした。歴史はくりかえすというように、その10年まえにジークフリート・マルクスも、自分でつくった車を走らせたときに同じ目にあっていた。

　できたばかりの自動車をテストで走らせるのだから、もちろん故障《こしょう》はつきものだ。３輪自動車をおして帰るのはいつものことだった。だがベンツの決意はかたく、あきらめない。どんな問題も解《かい》決《けつ》できないはずはないと、とりくんだ。助けをかりず、故障《こしょう》をしないで、ある程度《ていど》の距離《きょり》を走れる車にしなければいけないと考えていた。人目につかないように、テスト走行は日がくれてからおこなった。

　ベンツの目標は、マンハイムの公道を完ぺきに走ることだった。工場を出てまた工場にもどるまで、とまらずに走りたい。ベンツは、ふたつのルートを何度も走った。ひとつは、工場からバルド

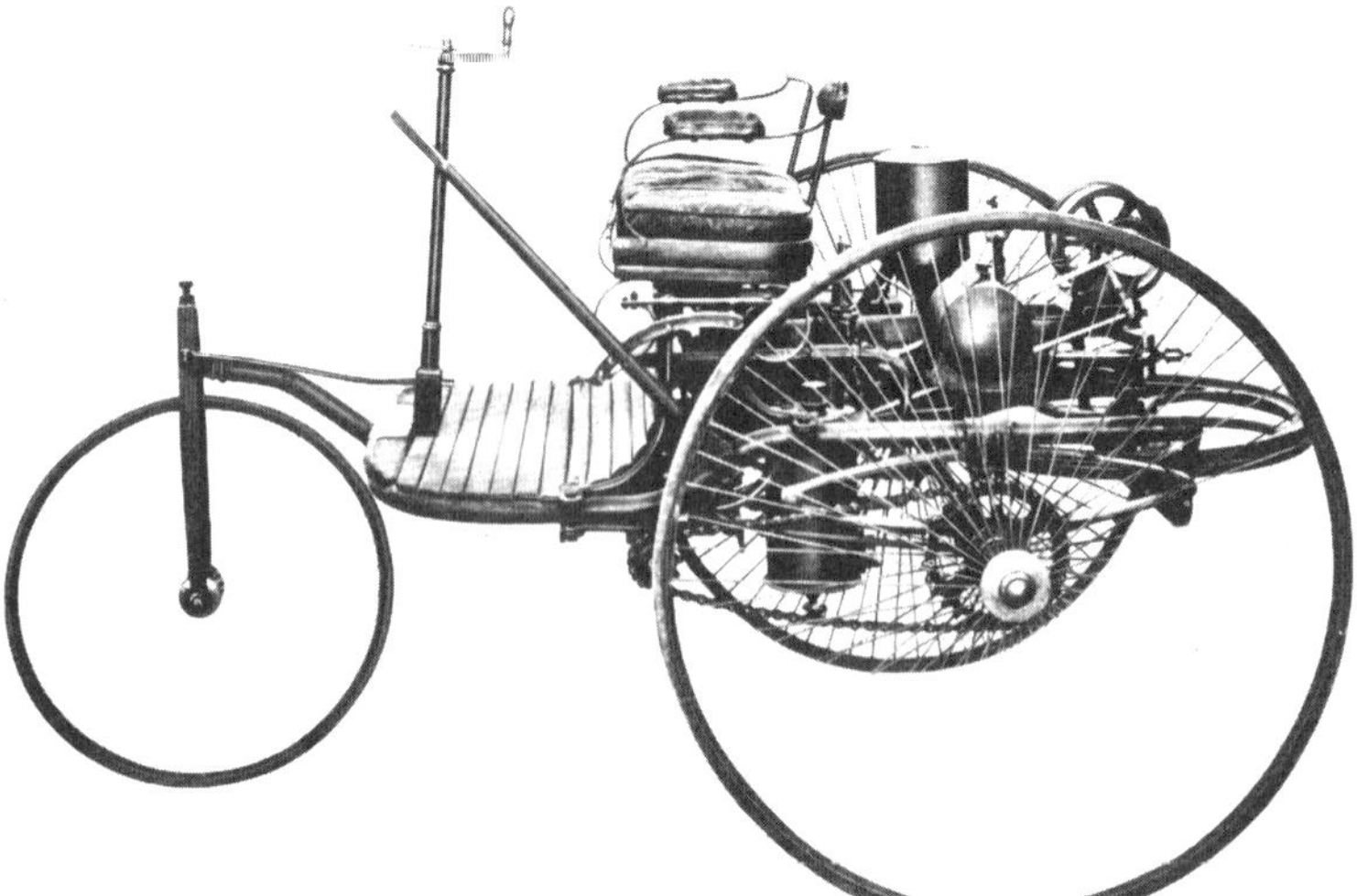

左から見た、ベンツ最初の自動車
地元警察《じもとけいさつ》は、ベンツのこの発明を通行妨害《つうこうぼうがい》するものとみなした。

ホフ通りまで行き、ケーファータールを通って、また工場へもどってくるルート。もうひとつは、工場からもう少し遠くのザントホーフェンまで行ってもどってくるルートだ。何度も挑戦《ちょうせん》し、何度も動かなくなって、はずかしい思いをしたことだろう。いっしょに乗っている人はもちろん、もしかしたら通りすがりの人の手もかりて、息をきらせ、汗《あせ》をかきながら、重い3輪車をおして帰ったにちがいない。

そして、記念すべき夜がくる。ベンツはついに、このふたつのルートをなんの問題もなく走りきったのだ。ベンツの3輪自動車は、内燃《ないねん》エンジンで動く世界初の実用車とみとめられ、カール・ベンツの名を歴史に残すことになった。

ノイエ・バーディッシェ・ランデスツァイトゥング新聞に、ベンツの3輪自動車がテスト走行に成功したことを賞賛《しょうさん》する記事が出た。しかし、多くの有力者たちはこの発明をけなし、ベンツ自身のことも、救いようのない変わり者だとわらった。ベンツはわらわれるのはいやだったが、わらわれないようにするためには、自分が正しいこと、この発明がじっさいに使えるものだということを証明《しょうめい》するほかなかった。テスト走行に成功したあとも努力をつづけ、改良していった。また、家の足ぶみミシンに小さな発電機をつけ、妻《つま》に毎晩《まいばん》ミシンをふんでもらって点火装置《てんかそうち》の蓄電器《ちくでんき》を充電《じゅうでん》し、つぎのテスト走行の準備《じゅんび》をした。

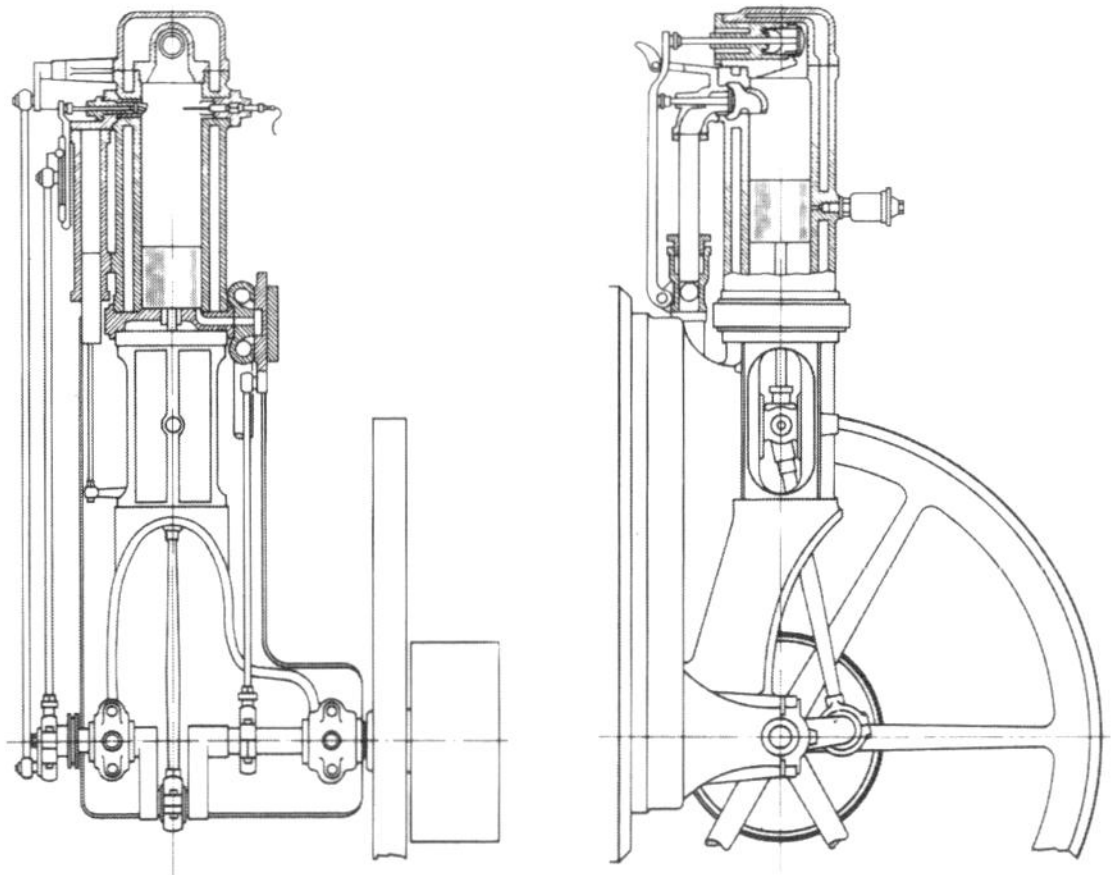

1885年の4サイクルエンジン
単気筒《たんきとう》、クランクシャフト1本、大きなフライホイールが見える。

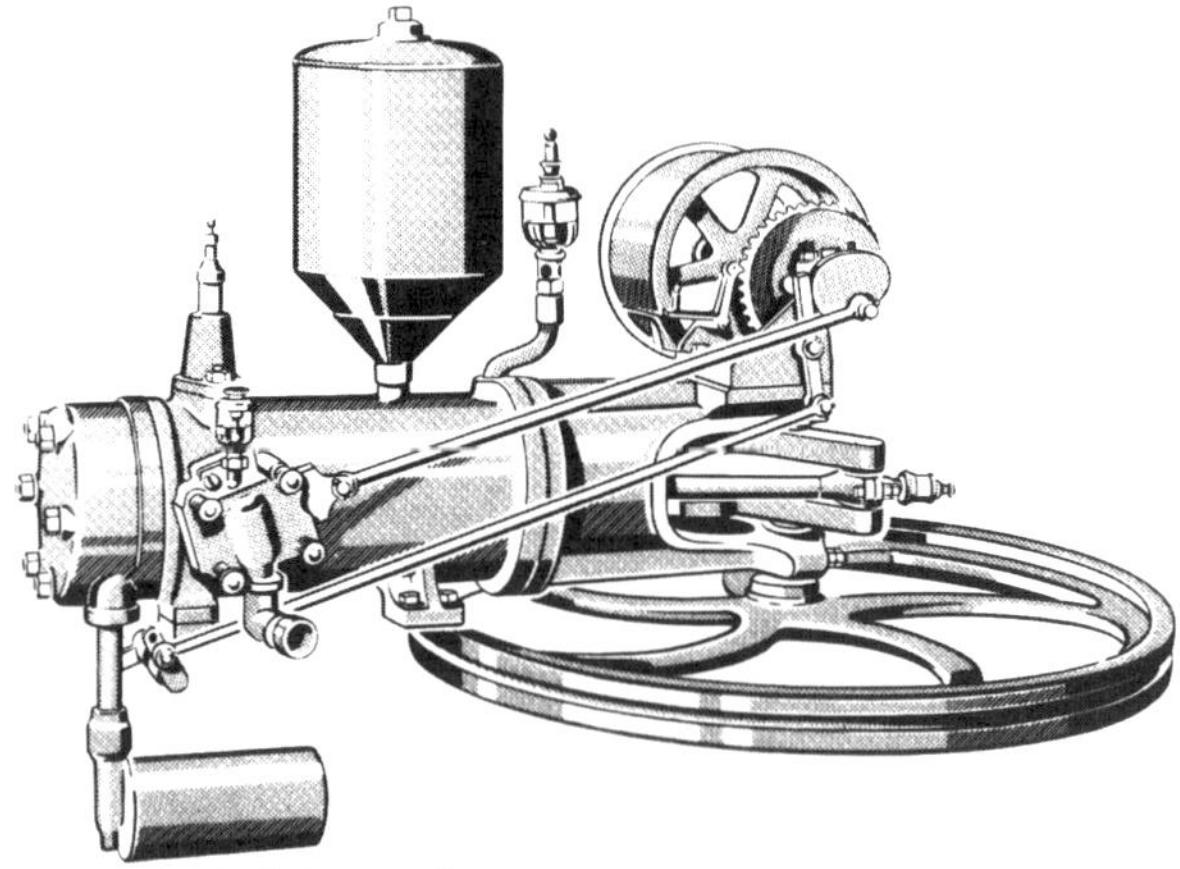

1885年の自動車エンジン

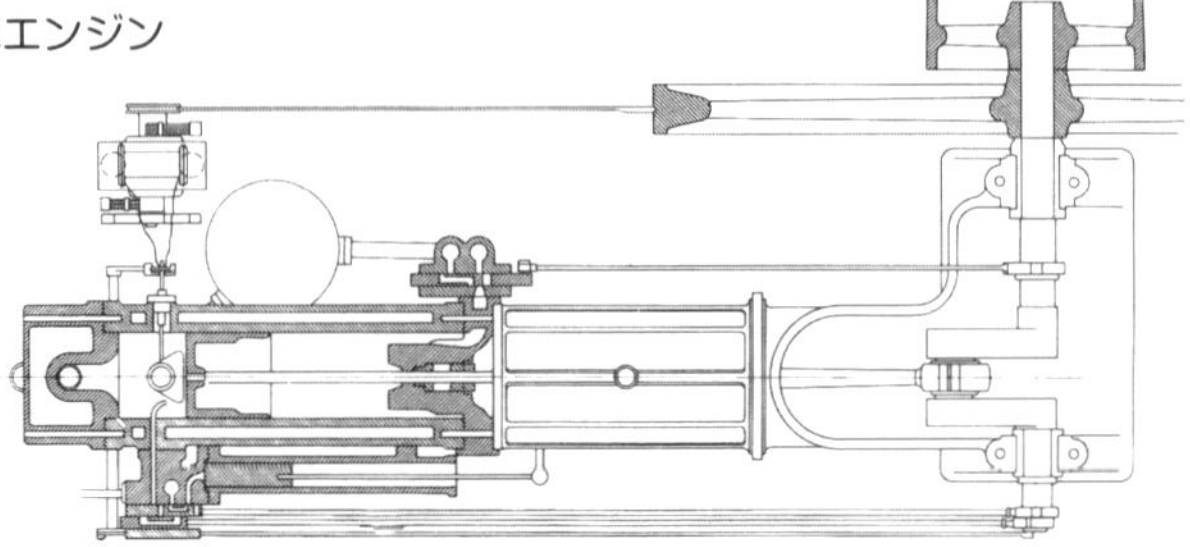

1885年のエンジン断面図《だんめんず》

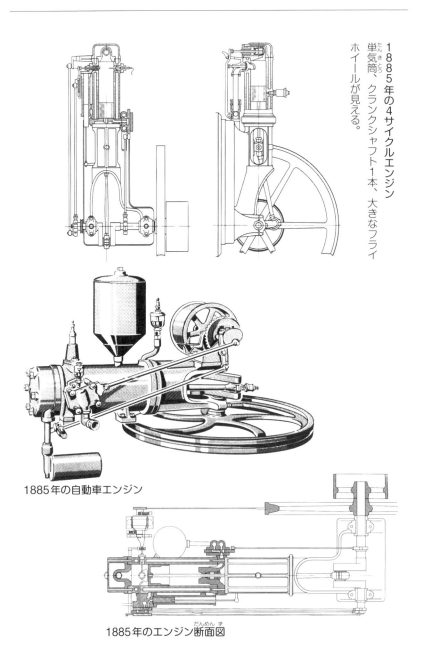

車のテストには、思わぬ問題もあった。車が近づいてくると、馬がこわがって急に走りだすのだ。また、オーデンバルドでは発作を起こしかけた女性《じょせい》もいた。ベンツがおかしな機械に乗って玄関先《げんかんさき》へむかってくるのを見て、悪魔《あくま》が餌食《えじき》をさがしにきたと思ったのだという。

1886年型ベンツ車
単気筒《たんきとう》、91.4mm（内径）×150mmシリンダー、毎分400回転、0.89馬力《ばりき》。

1888年、ベンツは車をミュンヘン博覧会《はくらんかい》に出品した。あいかわらず反対意見はあり、ばかにしてわらう人も多かったが、ベンツは、地域《ちいき》の道を走る許可《きょか》をもらおうと、地元警察《じもとけいさつ》や役所を説得した。ついにはみとめられたが、なにか問題を起こしたときにはそれにかかったお金をはらうという条件《じょうけん》がつけられた。ベンツはすぐにこの条件《じょうけん》をのみ、自動車走行は大成功。ミュンヘンの有力な新聞が絶賛《ぜっさん》した。とくに、1リットルのガソリンで1時間走ることへの関心が高かった。ベンツはこのミュンヘン博覧会《はくらんかい》で、金メダルをおくられた。

このできごとが、これから車を買おうとする人の気持ちをあとおしした。とはいえ、3輪自動車の生産がはじまってまもなくの売り上げはまだわずかだった。また、最初のころの客のなかに、車を受けとった直後に精神科《せいしんか》に入院することになった人がいた。病気は車

1888年型の車輪は、自転車の金属《きんぞく》スポークのかわりに木製《もくせい》の車輪が使われた。新しい4サイクルエンジンは、毎分250～300回転、1.5馬力《ばりき》。値《ね》段《だん》はおよそ3000マルク（現在《げんざい》の日本円で320万円ぐらい）

とは関係なかっただろうが、ベンツ車にとってあまりよい宣伝《せんでん》にはならなかった。

それでも、社会は「自動車の時代」へと進んでいった。１８８６年、ベンツとはべつに車づくりをしていたダイムラーとマイバッハは、４輪自動車を設計《せっけい》する。ふたりは、１・５馬力《ばりき》の縦型《たてがた》エンジンを、改造《かいぞう》した馬車の座席《ざせき》の下にとりつけた。現代《げんだい》の自動車の先がけとなるたしかなもので、テスト走行も大成功だった。

１８８８年には、ひとりの女性《じょせい》ドライバーが、はじめての偉業《いぎょう》をなしとげた。ほかでもない、ベンツの妻《つま》ベルタ・ベンツである。

ある日の朝５時、ベルタとふたりの息子《むすこ》がベンツにだまってこっそり家をぬけだし、試

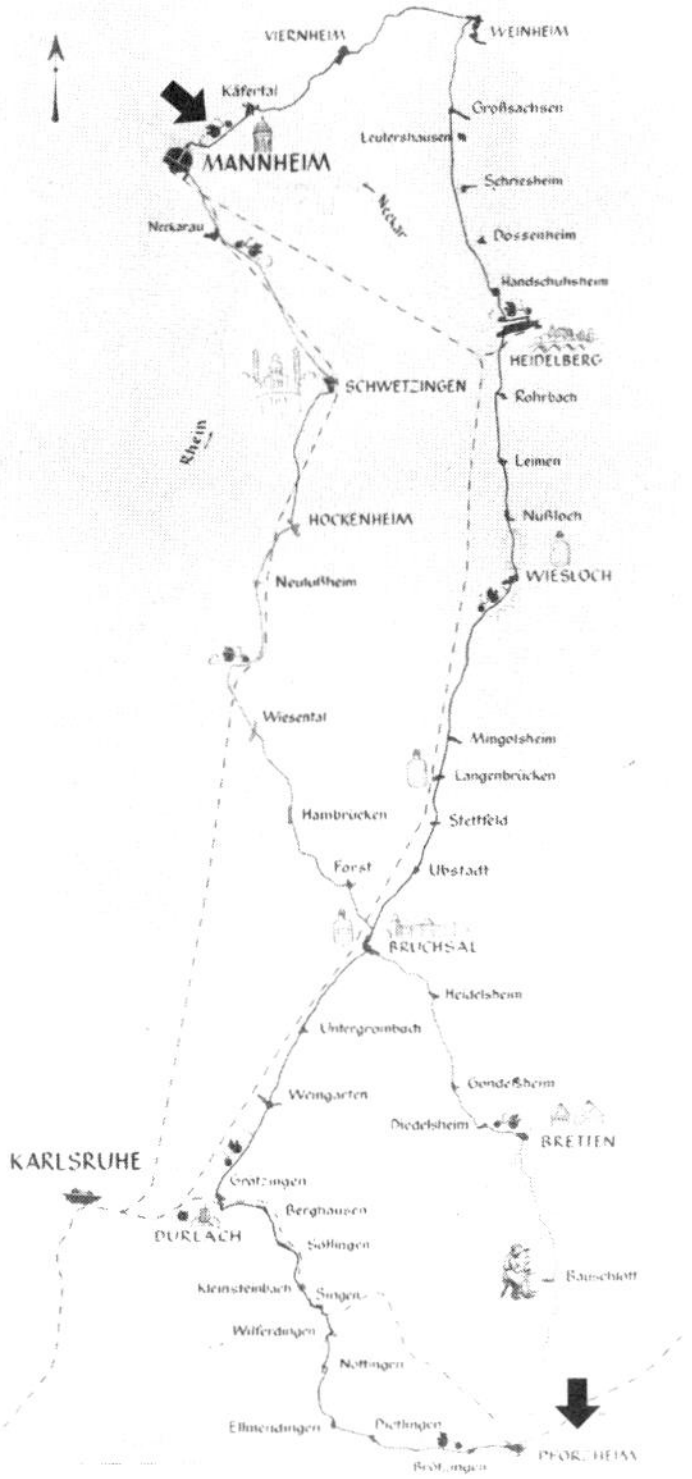

ベルタ・ベンツとふたりの息子《むすこ》（オイゲンとリヒャルト）が1888年8月に世界初の長距離《ちょうきょり》ドライブをした、マンハイム（地図左上の矢印部分）からプフォルツハイム（地図右下の矢印部分）までの道。

作品の3輪自動車に乗りこんだ。息子《むすこ》たちは夏休みに最新式の旅行をしたいと思った。ゆるしてくれそうもない父にはないしょだ。15歳《さい》のオイゲンが、「ティラー」という棒《ぼう》のハンドルをにぎり、3人はマンハイムからベルタの実家があるプフォルツハイムをめざし、エンジン音をひびかせて走った。とちゅう何度もとまったし、上り坂では車からおりておさなければいけないこともあったが、無事に目的地に到着《とうちゃく》した。5日後、ベルタたちは家にもどり、約194キロメートル（これは、東京と静岡県の熱海《あたみ》を往復《おうふく》するくらいの距離《きょり》にあたる）におよぶはじめての長距離《ちょうきょり》ドライブを成功させたのだ。

ベンツは、家族のこの経験《けいけん》から、坂をのぼりやすくするためにローギア（変速機の「1速」のこと。このギアは、速度はいちばんおそいが、力はいちばん強くなる。2速、3速とギアの数字が大きくなるごとに、速度ははやく、力は弱くなる）をつけるべきだとわかった。ローギアについては1886年の特許《とっきょ》にすでにもりこまれていて、それ以後のベンツの製品《せいひん》につけられた。

しかし残念ながら、この世界初《せかいはつ》の長距離《ちょうきょり》ドライブは反発もまねいた。地元の役所は、やかましい音がする3輪自動車を規制《きせい》するための法律《ほうりつ》をあれこれひねりだした。ベンツはマンハイムの役所に提出《ていしゅつ》した書類とまったく同じ仕様《しよう》（しくみ）の車でだけ、バーデンの道

記念すべきドライブで薬局にとめて、まだめずらしく、値段《ねだん》の高かったガソリンを入れる。

を走ることをゆるされた。また、いまのクラクションの働きをするものとして、大きな音が鳴るベルをつけ、車が近づいてくることをまわりに注意させるようにと決められた。こうした規制《きせい》がふえると、車を買おうとする客はしりごみをする。特許局《とっきょきょく》の図書館司書が、ある科学誌《かがくし》に記事を書いた。その以前に、ベンツと反目《はんもく》しあっていた人物である。記事はこうだ。

「内燃機関《ないねんきかん》も蒸気機関《じょうききかん》と同じで、道を走る乗りものを発展《はってん》させるような将来性《しょうらいせい》があるものではない」

しかし、じっさいにはまったく逆《ぎゃく》のことになるのだった。

もちろん、ベンツを支持《しじ》する人たちもいた。「ライプツィヒ・イラストリルテ」誌《し》は、自動車が馬車に代わるものになると予測《よそく》し、ベンツの働きをほめた。だがそれだけでは3輪自動車の売り上げがのびることにはならないので、共同経営者《きょうどうけいえいしゃ》や支持者《しじしゃ》は気持ちがしずみがちだった。しかし、ベンツ本人はちがった。

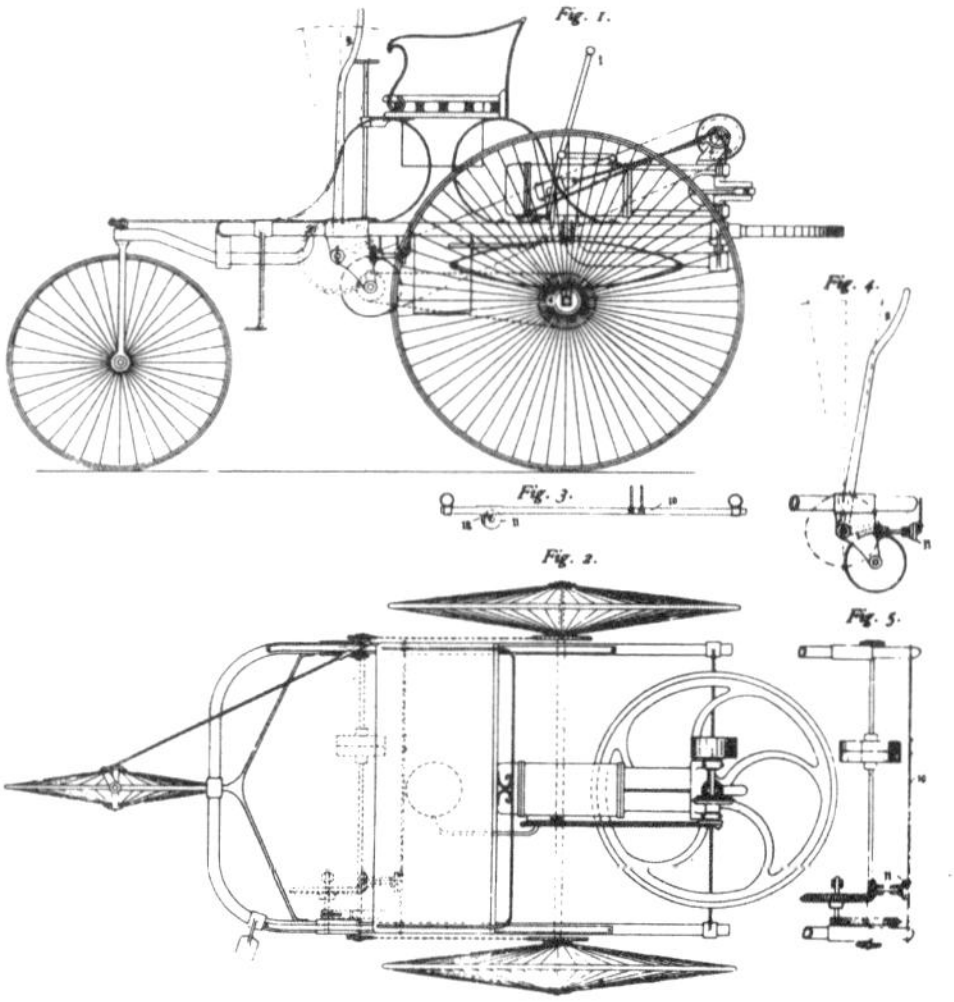

1886年1月29日にベンツがとった特許番号《とっきょばんごう》37435にある図面。

1887年に生産をはじめてからずっと、目標にむかって変わらない情熱《じょうねつ》をもちつづけていた。1888年のドイツでのミュンヘン博覧会《はくらんかい》につづき、1889年にはフランスのパリ万国博覧会《ばんこくはくらんかい》にも出品した。ただし、よい結果にはつながらなかった。フランス人にはまだ、プロイセン・フランス戦争のつらい記憶《きおく》があって、ドイツ製品《せいひん》への関心などもてなかったのだから、それは予想できたことだった。ところが、ひとりだけ例外がいた。自転車の生産と売買をしているフランス人、エミール・ロジェだ。ロジェは、フランスでベンツの車を売る権利《けんり》を買い、ロジェ・ベンツという名前で販売《はんばい》した。自動車は目あたらしいものとして知られるようにはなっていたので、売り上げは少しずつのびてきた。ダイムラー社の車とパナール・ルバソール社の車（こちらはフランス車だが、ダイムラーエンジンを使っていた）が、競争相手になりつつあった。

さて、ベンツの工場ではまた問題が起こった。1889年には、資金援助《しきんえんじょ》をしていたロ

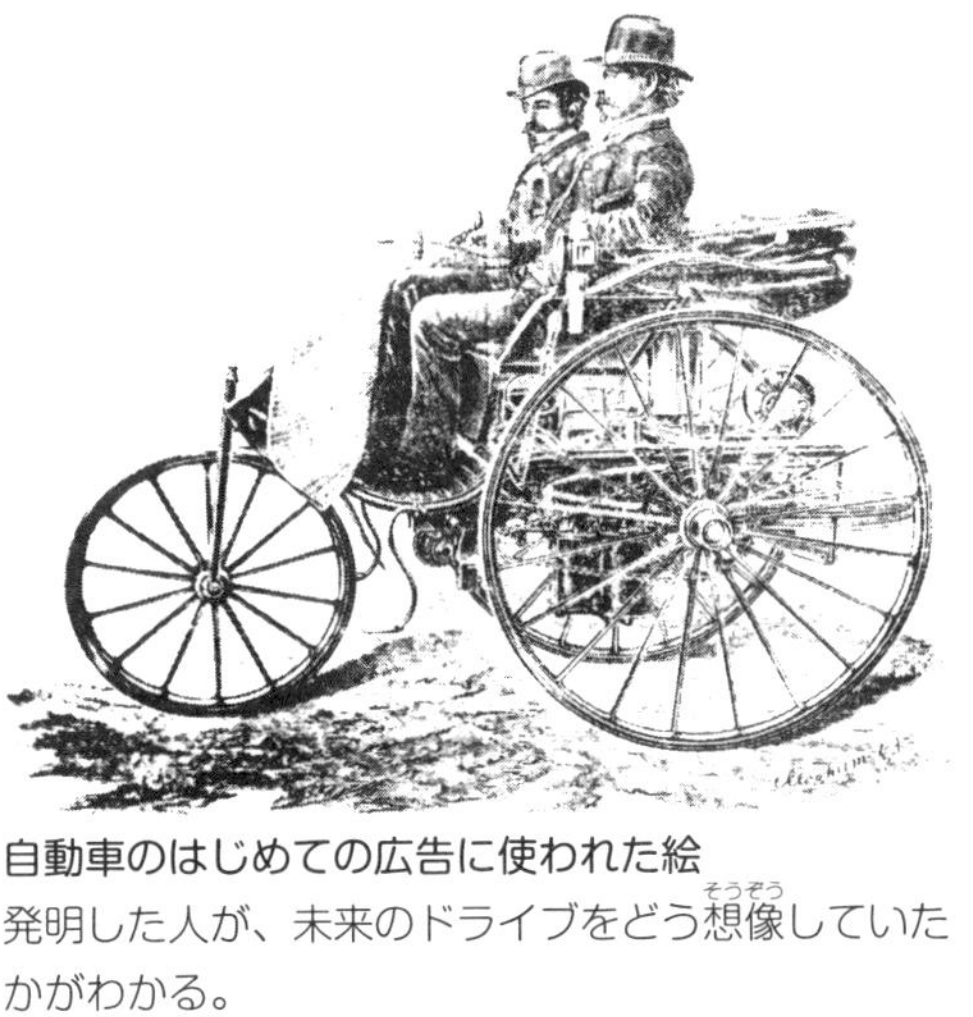

自動車のはじめての広告に使われた絵
発明した人が、未来のドライブをどう想像《そうぞう》していたかがわかる。

ーゼとエスリンガーは、ベンツとのあいだに溝《みぞ》を深めていたのだ。ふたりは、ベンツの車に時間とお金をかけるのはむだだと考えるようになり、とうとうその後の出費を拒否《きょひ》した。だが、ベンツは手をひくつもりなどない。はげしい口論《こうろん》のあと、ローゼとエスリンガーは会社を去った。ベンツは、代わりにフリードリッヒ・フォン・フィッシャーとユリウス・ガンスという優秀《ゆうしゅう》な共同出資者《しゅっししゃ》を見つけた。会社の経営《けいえい》と販売《はんばい》をそれぞれにまかせ、ベンツ自身は、時間もエネルギーも自動車技術《じどうしゃぎじゅつ》の開発にそそぎこんだ。会社は、やめたふたりの重役の抵当《ていとう》（借金が返せなかった場合には相手にとられてしまうもの）にまだ入っていたが、ベンツの自動車はずいぶん売れるようになってきた。ひとつのきっかけで、いろいろな変化が起きたのだった。

1888年ベンツ生産型（販売用《はんばいよう》につくられたもの）。まだ、最初の3輪自動車のデザインに近い。

4 だれもに自動車を

ベンツ、フィッシャー、ガンスは、協力してよく働いた。3人は、それぞれの得意分野で力を発揮《はっき》した。なかでもガンスはすぐにセールスの才能《さいのう》をしめし、ブリュッセル、ベルリン、ロンドン、モスクワ、ウィーン、リオデジャネイロなど、各国の主要都市でベンツの製品《せいひん》を売った。会社はおもに、工場などで使う定置型エンジンから収入《しゅうにゅう》をあげていたが、自動車の市場《しじょう》も、じわじわ開拓《かいたく》していった。

最初の3輪自動車は4分の3馬力《ばりき》だったが、このころには1・5馬力《ばりき》の型に改良されていた。1886年から1887年に少しだけ市場《しじょう》に出まわった型だ。1887年には、3人目が乗れる補《ほ》

1888年のミュンヘン博覧会《はくらんかい》に出品した車。

助《じょ》シートつき2馬力《ばりき》の型が登場し、1888年まで生産されたが、やがて先細りとなった。

自動車生産にとりくむ土台ができたところで、ベンツは4輪自動車の設計《せっけい》に力を入れはじめた。しばらくまえから、3輪は完成形ではないと感じていた。定置型エンジンの需要《じゅよう》がふえると、いそがしくなって中断《ちゅうだん》することもあったが、4輪自動車の研究をつづけた。実験ばかりしてなにも生まれてこないように思われた1891年、ついに4輪自動車の原型ができた。1892年には、これを道で走らせるテストをした。

ほぼ同じころ、定置型エンジンの分野が上向きになっていく。そのおかげでベンツは、まだまだ実験段階《じっけんだんかい》の自動車分野に時間をかけることができた。仕事を分担《ぶんたん》して助けてもらうために、アウグスト・ホルヒという優秀《ゆうしゅう》な技術者《ぎじゅつしゃ》をやとった。のちにアウディ社をつくる人物だ。ホルヒは熱心にとりくみ、ベンツのつくった車になかなか買い手がつかないのはパワーが少なすぎるせいだと、すぐに気づいた。そこで、エンジンをもっとパワーアップしたほうがいいと提案《ていあん》するが、ベンツはまったくもってがんこだった。速く走る車をつくるという考えにはぜったい反対だったのだ。ベンツは、自分の心にたずねた。これまでにつくってきた車のどこが悪い？　どこも悪くないではないか！

だが、ホルヒもひきさがらず、ベンツではなくセールス担当《たんとう》のガンスに直接《ちょくせつ》その提案《ていあん》を

1888年９月のライプツィヒ・イラストリルテ誌《し》にのった絵。最新の散歩スタイルで公園へ出かける。

娘《むすめ》のクララ、ティルデ、エレン
1894年、マンハイムで父の車に乗る。

した。エンジンをパワーアップしても、自動車が危険《きけん》なものになるわけではない。坂をのぼりやすくなるし、もっと重いものも運べるようになり、いろいろな長所がふえるはずだ、と。ガンスは、セールス面から見てもホルヒの提案《ていあん》には可能性《かのうせい》があると考え、すぐに設計《せっけい》を進めた。そしてふたりは、あとはテスト走行をするだけとなった段階《だんかい》で、ベンツに改良した型を見せた。ベンツはがんこだったが、悪い人ではなかったのだろう。聞くところによると、ホルヒたちの仕事をみとめ、4輪自動車の「ビザビ」に3・5馬力《ばりき》の新しいエンジンをとりつけることをゆるした。これが最初につくられたのが、1893年だ。同じときに、高級車の「ビクトリア」と低価格車《ていかかくしゃ》の「ベロ」も発売された。「ビクトリア」は3馬力《ばりき》で値段《ねだん》は4000マルク（いまのお金で430万円ぐらい）。「ベロ」は基本的《きほんてき》な1・5馬力《ばりき》だった。これらを皮切りに、その後ベンツの自動車分野はどんどん広がり、成功していく（64・65ページに一覧表《いちらんひょう》あり）。

初期のベンツの自動車は、つぎつぎに改良されていった。水平のフライホイールは1888年でやめた。フライホイールを手で回転させる古いしくみのかわりに、始動ハンドルをとりつけた。はじめて2気筒《きとう》エンジンをつくったのは1897年だ。ライバルのダ

1893年型「ビザビ（対座式《たいざしき》）」
最初の型よりパワーがあり、手のこんだつくりだったが、まだ馬車によく似《に》ている。

1893年型「ビクトリア」に乗るカール・ベンツと娘《むすめ》のクララ。

ベンツの車 1885～1906年（カール・ベンツ在任中《ざいにんちゅう》）

型式	エンジン	生産年
3輪自動車原型	3/4馬力単気筒《ばりきたんきとう》	1885
3輪自動車生産型	1.5馬力単気筒《ばりきたんきとう》	1886～1887
3輪自動車（補助《ほじょ》シートつき）	2馬力単気筒《ばりきたんきとう》	1887～1888
ビザビ4輪	3.5～6馬力《ばりき》2気筒《きとう》	1893～1899
ビクトリア	3～6馬力《ばりき》2気筒《きとう》	1893～1898
ベロ	1.5、2.5、3馬力単気筒《ばりきたんきとう》	1893～1898
ランダウ	5馬力単気筒《ばりきたんきとう》	1894～1899
フェートン大型4輪8シート 箱型ボディ	5馬力単気筒《ばりきたんきとう》	1895
ベロ・コンフォルターブル	2.5馬力単気筒《ばりきたんきとう》 3馬力《ばりき》2気筒《きとう》	1895～1898
ドザド	5、9馬力《ばりき》2気筒《きとう》	1897～1899
ブレーク8シート、12シート	9、14馬力《ばりき》2気筒《きとう》	1897～1899
トゥーク2シート	5、10馬力単気筒《ばりきたんきとう》	1898～1900
イデアル2シート	4、5、9馬力単気筒《ばりきたんきとう》、2気筒《きとう》	1898～1902
マイロードドロップヘッド （折りたたみ式幌《ほろ》）クーペ	9馬力《ばりき》2気筒《きとう》	1899
スパイダー2シート 2ランブルシート （後部折りたたみ式補助《ほじょ》シート）	10馬力《ばりき》2気筒《きとう》	1899～1901
トノー2シート1ランブルシート （後部折りたたみ式補助《ほじょ》シート）	10馬力《ばりき》2気筒《きとう》	1899～1901
フェートン	10馬力《ばりき》2気筒《きとう》	1899～1901
レーシングモデル	16馬力《ばりき》2気筒《きとう》	1899～1901
エレガント・トノー	6馬力水平単気筒《ばりきすいへいたんきとう》	1900～1902
フェートン・トノー	15、20馬力《ばりき》2気筒《きとう》	1901～1902

型式	エンジン	生産年
フェートン・トノー	8、10馬力《ばりき》2気筒《きとう》	1902～1903
フェートン・トノー	10、12馬力《ばりき》2気筒《きとう》	1902～1903
フェートン・トノー オープン型と箱型	12、14馬力《ばりき》2気筒《きとう》	1902～1906
フェートン・トノー オープン型と箱型	14、18馬力《ばりき》4気筒《きとう》	1903～1906
レーシングモデル	60馬力《ばりき》4気筒《きとう》	1903～1908
フェートン・リムジン チェーン駆動《くどう》	40馬力《ばりき》4気筒《きとう》	1905～1907
フェートン・リムジン　軸動《じくどう》	18、28馬力《ばりき》4気筒《きとう》	1905～1908
フェートン・リムジン チェーン駆動《くどう》	28、50馬力《ばりき》4気筒《きとう》	1906～1907
フェートン・リムジン チェーン駆動《くどう》	24、40馬力《ばりき》4気筒《きとう》	1906～1909

1933年の写真
1894年型「ビザビ」に乗る、息子《むすこ》のオイゲン・ベンツ（右はし）。いっしょに乗っているのはエルレ、アクストマン、ヘルト。このころには、2・9リットル、6馬力《ばりき》になっていた。

1894年型単気筒《たんきとう》「ベロ」
太いチェーン、ティラー型ハンドル、馬車ランプが使われている。

1894年型「ビクトリア」に乗るテオドア・フォン・リービヒとフォン・シュトランスキー博士。

天気のいい日、フォン・リービヒ男爵《だんしゃく》といっしょに田舎道《いなかみち》をドライブ中にポーズをとる。マンハイム近くの路上で。

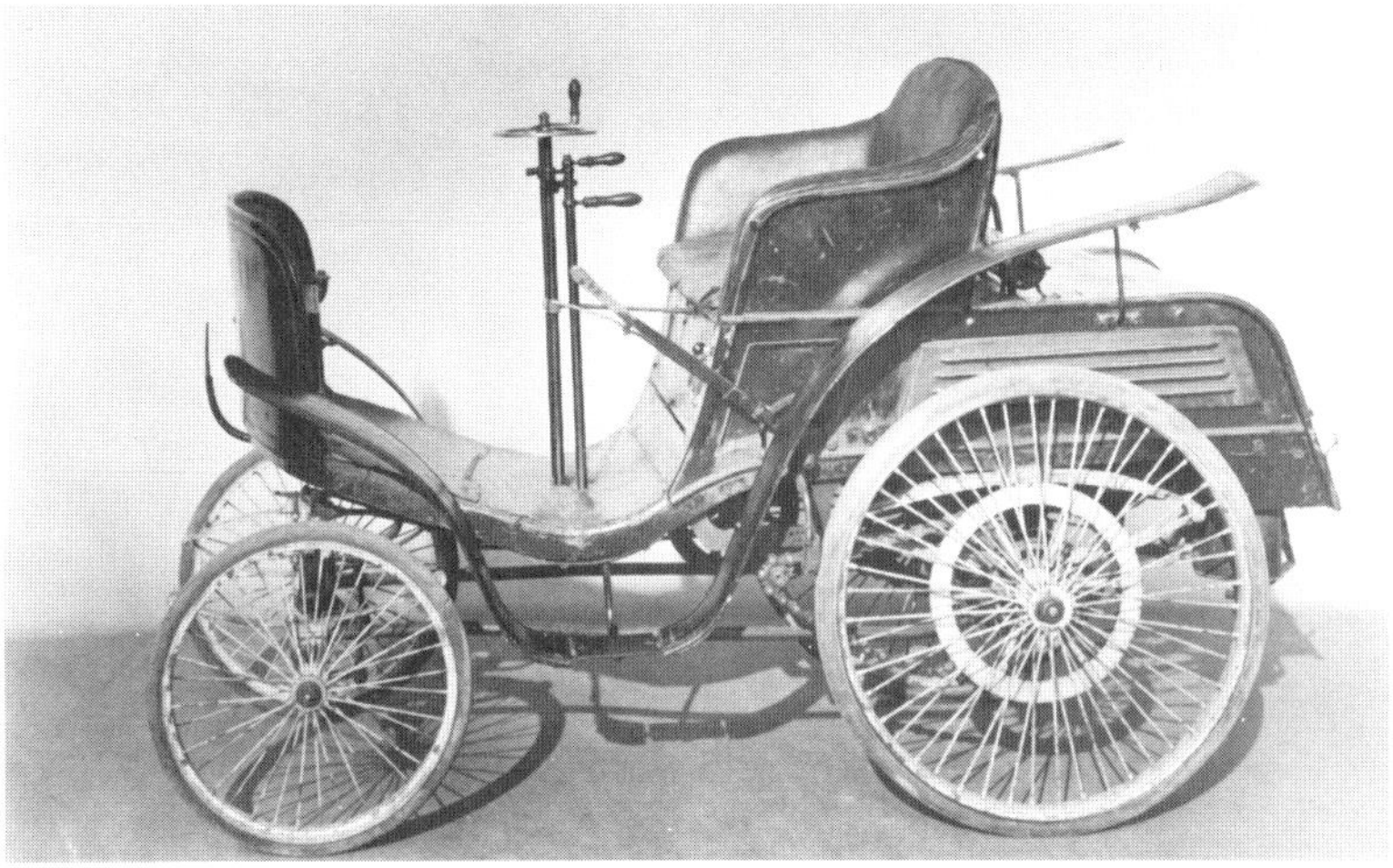

1895年型「ベロ・コンフォルタープル」
1.05リットル、単気筒《たんきとう》、900回転、約3馬力《ばりき》、時速40キロ。

1898年、マンハイムにあった工場の外で息子《むすこ》や娘《むすめ》といっしょのカール・ベンツ。

自動車を使った宣伝《せんでん》はすぐに注目されるようになった。1894年「ビクトリア」。

1894年、「ビクトリア」に乗るベンツと妻《つま》、娘《むすめ》、フリッツ・ヘルト。快適《かいてき》さという点からいえば、このころの自動車はまだ、馬がひく馬車にかなわなかった。

1895年生産の単気筒《たんきとう》「ランダウ」。馬車をモデルにつくられている。外に御者《ぎょしゃ》が乗るところがあり、馬車ランプをつけ、車体も馬車に似《に》ている。ちがいはもちろん、うしろに小さなエンジンがついていること。

2リットル単気筒《たんきとう》「ビクトリア」
1895年7月、パリ・ボルドー間のレースを完走。

1895年、「フェートン」を運転するカール・ベンツ。自動車の発展《はってん》はいよいよ最《さい》終段階《しゅうだんかい》にあると感じていた。

1899年生産の「トノー」。車体のまえにエンジンをつけた最初のベンツ車。12馬力《ばりき》だ！

1894年、「ビクトリア」に乗るカール・ベンツと妻《つま》ベルタ。

イムラーは、その何年もまえに、2気筒《きとう》エンジンでスムーズに走れること、じゅうぶんなパワーがあることを証明《しょうめい》していた。ベンツの2気筒《きとう》は、このあと5馬力《ばりき》、8馬力《ばりき》と進化し、とても人気が出る。ほかには、初期の3輪自動車に使われていた自転車の車輪が木製《もくせい》の車輪に変えられたが、ベンツははじめて3輪自動車をつくったときに使った金属《きんぞく》のスポークが好きで、販売用《はんばいよう》にたくさんつくった生産型でもしばらく使っていた。新しく登場した空気タイヤ（タイヤについては、101ページのコラム参照）は好きになれなかった。空気タイヤは、自転車用に発明されていたものを、フランスのアンドレ・ミシュランとエドワール・ミシュラン兄弟が自動車にとりいれたのが最初だ。1896年のパリとマルセイユのあいだのレースで、本格的《ほんかくてき》に使われた。断固《だんこ》としてこのタイヤを使おうとしなかったベンツがようやくとりいれるようになったのは1901年で、空気タイヤもそのころには、パンクはするものの広く受けいれられるものになっていた。

おもしろいことにベンツは、がんこな面と新しいものをとりいれてなにかをつくりだす独創的《どくそうてき》な面の、両方をもちあわせていた。たとえば、ボールベアリング（回転軸《かいてんじく》とのあいだに金属《きんぞく》の玉を入れた軸受《じくう》け）については、まだ信頼《しんらい》できる製品《せいひん》としてみとめられるまえだったにもかかわらず、1886年につくった「パテントモトールバーゲン」の前輪にす

1893年生産の「ベロ」を運転して見せるクララ・ベンツ。

1897年生産2気筒《きとう》の「クーペ・マイロード」。先進の2・7リットル、9馬力《ばりき》で時速40キロを出せたが、車体はまだ馬車によく似《に》ていた。

でに使っていた。

自動車ブームがはじまり、ガンスは1898年までにイギリスとフランスで400台のベンツ車を売ることに成功した。おかげで生産は大いそがしだった。なかでも人気があったのは、背中《せなか》あわせに2シートがある「ドザド」という車だ。「ドザド」には空気タイヤを使っていた。ベンツが空気タイヤをしぶしぶみとめたのだ。その1年後には、9馬力《ばりき》で、前進3速とバックのギアがついた型の「ドザド」が登場する。エンジン音をにぎやかにひびかせて走り、時速45キロまで出すことができた。

また、実用向きの「ベロ」から開発した「ベロ・コンフォルタブル」もよく売れた。おとなふたりがすわるシートと、子どもをまえに乗せるシートがついていた。小さいながらもがんじょうで、最高速度は時速27キロまで出せた。安定感にすぐれ、けわしいアルプスの山道も登ることができた。

「ドゥーク」は、ベルギーのレオポルド国王から注文をうけたデザインをもとに開発された。エンジンは5馬力《ばりき》と10馬力《ばりき》の単気筒《たんきとう》で、使用人などがすわれるような補助《ほじょ》シートがついており、ほかとはちがう特別な車だった。さらに1899年には、ベンツのレーシングカーがはじめてつくられた。マンハイムの販売代理人《はんばいだいりにん》だったフリッツ・ヘルトが特別に注文したもので、ヘルトはレースで成功する。いくつか生産した貨物自動車も、それまで広く使われていた蒸気《じょうき》トラックをしのぐようになった。

１８９９年には、前進４速のギアをつけた「スパイダー」も登場した。車体のまえにエンジンをつけた「トノー」がつくられたのも同じ年だ。また、自動車市場《じどうしゃしじょう》の低価格帯《ていかかくたい》をねらった「イデアル」も発売された。だが、これはベンツの運命を下向きにする。２６５台が生産されたが、そのほとんどが売れなかったのだ。車体のまえにエンジンをつけた新車は人気が出ず、工場の駐車場《ちゅうしゃじょう》は売れない「イデアル」でいっぱいになってしまった。

１９００年には、ほかの会社の自動車が進化する一方《いっぽう》で、ベンツが設計《せっけい》した単気筒《たんきとう》・２気筒《きとう》・ベルト駆動《くどう》のすべてが、時代おくれになった。スランプは、はじまっていた。ベンツのバブルがはじけてしまうのだろうか……。

5 くだり坂、そしておわりのとき

自動車時代の夜明けといえる20世紀をむかえるころ、自動車レースはまだ未熟《みじゅく》な段階《だんかい》にあったが、その成長ぶりはめざましく、さまざまな国に影響《えいきょう》をあたえるようになっていた。「日曜日にレースに勝ち、月曜日に売れ」というのは、その後1950年代にアメリカの自動車メーカーが使うようになる合言葉だ。

フランスでは、ダイムラーエンジンを使ったパナール・ルバソール社の車がレースでいい成績《せいせき》をあげ、その名を高めていた。1895年には、エミール・ルバソール自身がパリ・ボルドー間のレースに自分の車で参加し、往復《おうふく》約1200キロの距離《きょり》をたったひとりで、ほとんどとまることなく、48時間47分でみごと走りきった。

ベンツは、自動車レースそのものに反対だった。自動車は、スピードよりも、質《しつ》がよく、故障《こしょう》せず、安全だと信頼《しんらい》できることこそが大切だと考えていたのだ。レースというスポーツに偏見《へんけん》があり、ただスピードを競うだけのものだと思いこんでいた。しかし、当時流行していた2都市間の長距離《ちょうきょり》レースを見ればわかったはずだ。レースに勝つ車には、ある程度《ていど》の速さはもちろんだが、長い距離《きょり》を走りきれるだけの耐久《たいきゅう》性《せい》と信頼性《しんらいせい》もまた必要だったのだ。車を買おうとする客は中流または上流階級のスポーツ愛好家が大半で、この点についてはかれらのほうが、自動車の父ベンツよりもよく理解《りかい》していた。とはいえ、レースに批判的《ひはんてき》だったのはベンツひとりではない。ロールス・ロイス社のサー・ヘンリー・ロイスも同じ意見だった。

　レースでいい成績《せいせき》をあげた会社は、新

マンハイム郊外《こうがい》にて
19世紀がおわり20世紀がはじまると、このような光景がヨーロッパのあちこちで見られるようになった。

しい市場《しじょう》を開拓《かいたく》しながら、育ての恩人《おんじん》であるベンツから多くの客をうばっていった。

ところが当のベンツは、まわりがどんどん進歩していくことにまったく目をむけようとしない。世界初の実用的な自動車をつくったのは自分だという誇《ほこ》りをもっていたうえ、1900年には、これ以上開発するところがないほど最高の自動車をつくりあげたと確信《かくしん》した。「自分の設計《せっけい》をこえる自動車など、だれにもつくれない。のびてきた自動車市場《じどうしゃしじょう》の求めにこたえられるのは自分だ」と思っていた。ベンツは、自分のつくった速度がおそいうえに反応《はんのう》のにぶい横型エンジンこそが完ぺきで、ダイムラーの高速エンジンなど一時的な流行にすぎないと

1899年生産の「イデアル」
市場《しじょう》の低価格帯《ていかかくたい》むけ商品だったが、売れなかった。前輪が空気タイヤであることに注目。

考えたのだ。会社の売り上げが落ちても、ベンツはまわりの進歩を見ず、人びとが望んでいるはずの製品《せいひん》をつくろうとはしなかった。正しいのは自分で、まちがっているのはまわりのほうだと信じこんでいた。だから、未来に目をむけて新しい製品《せいひん》を開発するかわりに、すでに時代おくれになっている製品《せいひん》を売ることばかりにやっきになった。

1899年、ベンツ社は株式会社《かぶしきがいしゃ》となり、取締役《とりしまりやく》5人と重役8人で経営《けいえい》していた。この拡大計画《かくだいけいかく》は、フィッシャーが亡《な》くなるまえに提案《ていあん》したものだ。ふえていく需要《じゅよう》に対応《たいおう》するためには必要な改革《かいかく》だった。関係者はみんな、巨大《きょだい》な市場《しじょう》が世界中に広がり

別モデルの「イデアル」
全天候型の車体だが、人気がなかった。

つつあるのを感じていた。ベンツ社が主要な自動車会社のなかで地位を保《たも》つためには、なんらかの形で大量生産をとりいれるしかないとわかっていたのだ。技術面《ぎじゅつめん》ではライバルたちにおくれをとっていても、大量生産によって製品《せいひん》の価格《かかく》を下げることができれば、会社の未来は安定するはずだった。

しかし、この新しい計画にまたもや立ちはだかったかべがある。カール・ベンツその人だ。

すでに老年になろうとしていたベンツは、根っからの伝統主義者《でんとうしゅぎしゃ》だった。作業台の上で、部品ひとつひとつから手作業によって最高水準《さいこうすいじゅん》につくりあげることこそが、正しい自動車生産に欠かせない条件《じょうけん》だと、かたく信じていた。ベンツの製品《せいひん》がもっと進歩し、洗練《せんれん》されたものならば、「りっぱな考えだ」と感心されただろうが、まったくそんな状態《じょうたい》ではなかった。当時、ベンツ社に望まれたのは価格《かかく》を下げることだけだった。1900年のベンツ車は、10年まえの古い設計《せっけい》をしていた。それにくわえ、ベンツがレースにかたくなに反対しつづけたことで、会社はふたつのチャンスをふいにした。ひとつは、社内の技術者《ぎじゅつしゃ》がすばらしい条件《じょうけん》でテスト運転をするチャンス。もうひとつは、ベンツこそが世界で最初の、そして最高の自動車生産会社だという主張《しゅちょう》がマスコミにみとめられる（批判《ひはん》もされるだろ

晩年《ばんねん》のカール・ベンツ
意志の強そうな、いかめしい表情《ひょうじょう》だ。

うが）チャンスだ。それでもベンツは、あくまでスピードよりも乗り心地にこだわりつづけた。レーシングカーと道路を走る乗用車をべつのものとして考えさえすれば、一方《いっぽう》の栄光がもう一方《いっぽう》をも照らすことになるのだとは、まったく気づけなかった。

ところで、自動車レースがはじまって最初の5年間、マンハイム工場からの出場はなかったものの、何台かのベンツ車はレースに出ていた。勝負の結果はあまりかんばしくなかったが、時代おくれの設計《せっけい》なのだからしかたがない。だが、レースによって車の信頼性《しんらいせい》はじゅうぶんに証明《しょうめい》され、おかげで会社もいくらか利益《りえき》を得た。自動車の所有者が個人的《こじんてき》に申しこんで参加したもので、工場の検査係《けんさがかり》であるハンス・トゥームが、何度か代理の運転手をつとめた。会社の支援《しえん》もなしにまずまずの結果を残すこれらの車に、「会社をあげて参加したら、どれほどの記録が出るのだろう」という声があがり、ベンツ社の評判《ひょうばん》は高まった。ベンツがはじめてレーシングカーをつくったときの依頼人《いらいにん》フリッツ・ヘルトは、レースでいい成績《せいせき》をあげた。そのころフランスでは、1889年のパリ万国博覧会《ばんこくはくらんかい》でベンツ車の権利《けんり》を買ったあのエミール・ロジェが、フランスで組みたてたロジェ・ベンツ車でなかなかの成功をおさめていた。

マンハイムの工場では、ベンツの目をかいくぐりながら少しずつ開発を進め、1900

1901年製《ねんせい》「エレガント・シュポルト」
見た目は名前のとおりエレガントだが、ほかの会社のものとくらべると時代おくれ。

1895年製《ねんせい》「フェートン8シート」
乗っているのは、リヒャルト・ベンツ、ブレヒト、シュトラッサー、フィッシャー、カール・ベンツ、ユリウス・ガンス。

年の夏、斬新《ざんしん》な水平対向エンジンのレーシングカーを発表した。外観重視《がいかんじゅうし》で、さぞベンツをおこらせただろうと思われる車だが、しょせんは背《せ》のびをしたにすぎなかった。どうやっても、ベンツ車は10年おくれていた。

ガンスは、自分のすぐれた営業力《えいぎょうりょく》をもってしても会社の衰退《すいたい》をおしとどめることはできないと、早くから気づいていた。そして１９０１年、ベンツが設計全般《せっけいぜんぱん》に口を出すこと、とくにレースというすばらしい広報活動《こうほうかつどう》を利用しようとしないことへの不満がついに頂点《ちょうてん》に達した。それでもベンツは、売り上げをのばすためのガンスの提案《ていあん》を受けいれなかった。会社はいきづまっていたとはいえ、１９０１年の利益《りえき》はじゅ

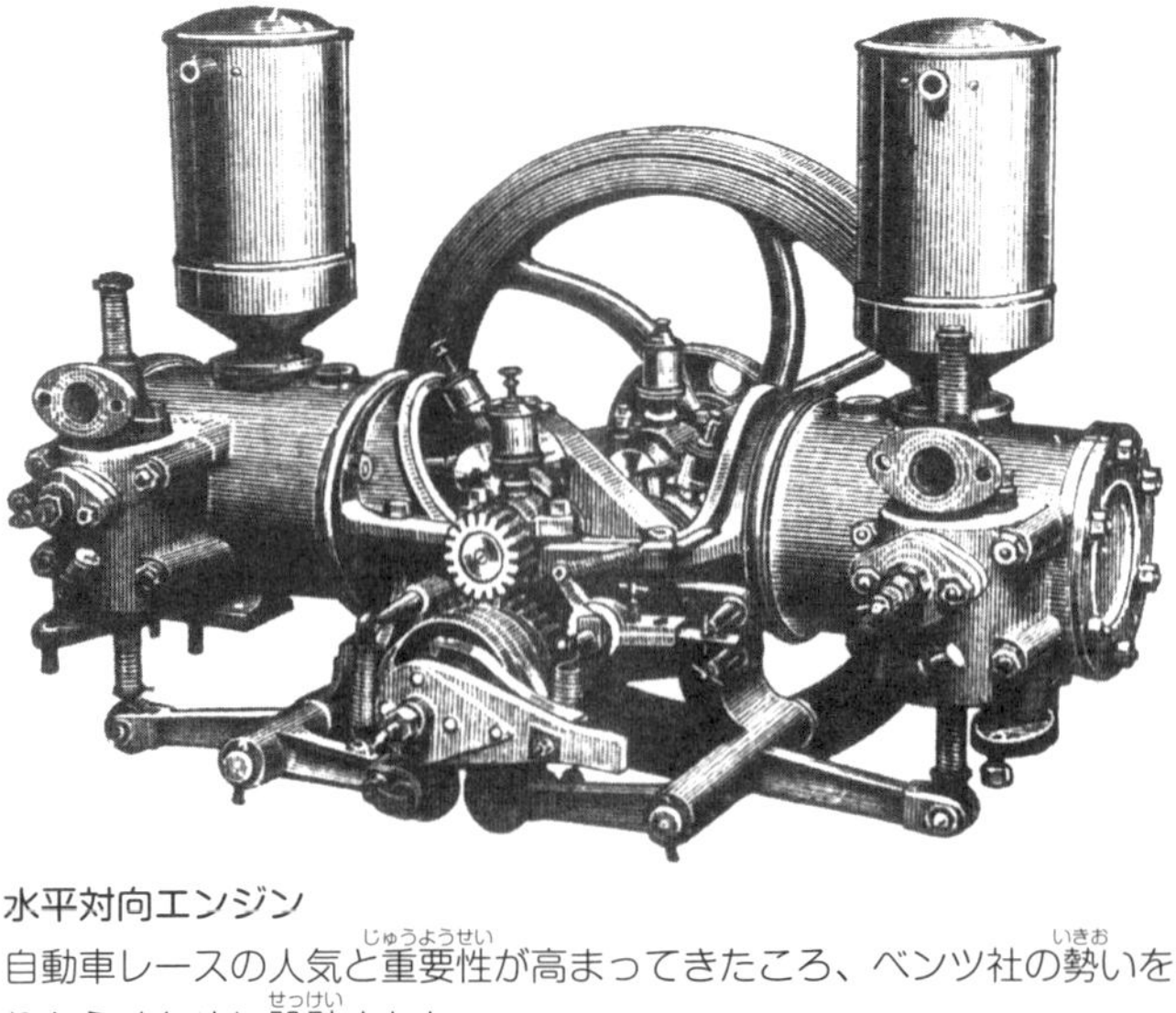

水平対向エンジン

自動車レースの人気と重要性《じゅうようせい》が高まってきたころ、ベンツ社の勢《いきお》いをもりかえすために設計《せっけい》された。

うぶんあったので、ベンツは自分が正しいと信じてうたがわず、レースへの参加の必要性《ひつようせい》を感じなかったのだ。いっぽうガンスは、暗い未来を予測《よそく》し、自分の力で変化を起こそうと決めた。

ガンスはまず、フランスからシャフトドライブ式のルノー車を輸入《ゆにゅう》した。シャフトドライブは、ベンツがずっと使っていたベルト駆動《くどう》に代わる、当時最新の動力伝導装置《どうりょくでんどうそうち》だ。ガンスは、ベンツににがい顔をされながらも重役たちを説得し、シャフトドライブを使った原型モデルをつくらせた。が、残念ながら、最初のシャフトドライブ式ベンツ車は失敗におわった。

このことで共同経営者《きょうどうけいえいしゃ》としてのガンスの地位は多少ゆらいだものの、フランスのルノーの偉《い》業《ぎょう》はもはや無視《むし》できないほど評判《ひょうばん》になっていた。

1895年製《ねんせい》「ベロ・コンフォルターブル」

ガンスは１９０２年、アドルフ・クレマン自動車会社の工場長だったマリウス・バルバルーというフランス人設計士《せっけいし》をはじめ、何人かのフランス人技術者《ぎじゅつしゃ》をやといいれた。それによって、ベンツの工場はふたつに分けられた。ドイツ人たちはこれまでの伝統的《でんとうてき》な自動車をつくり、フランス人たちはガンスの求める「次世代《じせだい》ベンツ」をつくったのだ。しかし不幸なことに、ガンスの計画はまたもや失敗した。バルバルーとその部下たちがつくった車「パルジファル」は救いようのないもので、ベンツがこだわる時代おくれの車と同じく、まるで売りものにならなかった。「パルジファル」のエンジンは企画説明書《きかくせつめいしょ》どおりにはできておらず、馬力《ばりき》がなかった。そのため、この車は絶望的《ぜつぼうてき》におそく、坂をのぼる力も弱い。結局「パルジファル」は24台しか生産されず、まわりの反発はますます強まった。

それでもガンスは株主《かぶぬし》たちに熱弁《ねつべん》をふるい、これからのベンツ車はすべてシャフトドライブにするべきだと主張《しゅちょう》した。さすがにこのころには、会社の売り上げは見すごせないほどへっていて、ベンツと同僚《どうりょう》たちも、まったく新しいものをつくりださなければならない立場に追いこまれた。

だが、すべては手おくれだった。ベンツは１９０１年に新しい縦置《たてお》きの４気筒《きとう》エンジンをつくりはじめ、１９０２年にはもっとも力を入れた。しかし、解決《かいけつ》しなければならない開発上の問題は、まだ山のようにあったのだ。重役たちのあいだの亀裂《きれつ》はもはやどうしようもなく、1903年1月、カール・ベンツは息子《むすこ》のオイゲンとともに、自分がつくった会社を去った。

ガンスが会社の経営《けいえい》をまかされたが、こちらの未来もけっして明るくはなかったようだ。業績《ぎょうせき》はますます悪くなり、1903年から1904年にかけて、会社は多額《たがく》の赤字を出した。残った重役のあいだで争いが起こり、ガンスは失意のうちに会社をやめた。ベンツ親子にとって悩《なや》みの種《たね》だった営業《えいぎょう》マンがいなくなったので、ふたりはまた会社にもどった。

痛《いた》い目《め》を見たベンツはさすがに気持ちをきりかえたようで、すぐに自社製品《じしゃせいひん》の改良にとりかかった。まず、開発中だった4気筒《きとう》エンジンを完成させた。シャフトドライブ式の「パルジファル」にその4気筒《きとう》エンジンをつけて、シャーシー(車体をささえる台の

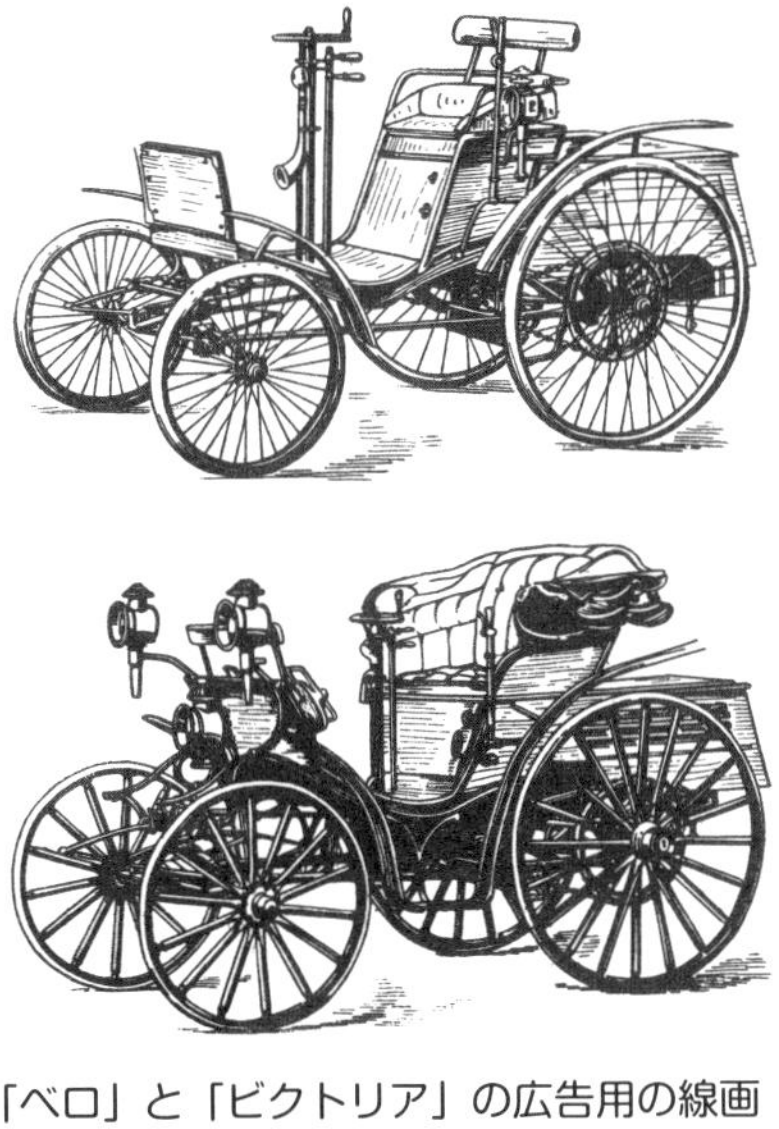

「ベロ」と「ビクトリア」の広告用の線画
自動車もずいぶん変わったものだ。

わく）の欠点も直した。その結果、快適《かいてき》で実用的な自動車ができあがったのだ。はなれかけていた客の信頼《しんらい》をとりもどし、ベンツは赤字経営《あかじけいえい》からぬけだした。１９０４年から１９０５年にかけてのベンツの利益《りえき》は、10万マルク（現在《げんざい》の日本円で約1億円）をこえた。
もちろん、ベンツはよろこんだ。会社を去ったガンスと、あの救いようのない「パルジファル」をつくったバルバルーの代わりに、こんどはハンス・ニーベルという24歳《さい》の才能《さいのう》あふれる設計士《せっけいし》が、ベンツの助けとなった。両親がドイツ人で、現在《げんざい》のチェコ共和国モラビア地方出身のニーベルは、やがてレーシングカーの設計士《せっけいし》として名を知られるようになる。のちの１９３４年、数々の世界的レースで何度も優勝《ゆうしょう》した「メルセデス・ベンツW25」（「銀の矢」とよばれている）という、独立式《どくりつしき》サスペンションのグランプリカーを設計《せっけい》したのも、ニーベルだ。

さて、気持ちをきりかえて会社にもどったベンツの話だが、もどりたての20世紀はじめごろはまだ、あいかわらずレースに批判的《ひはんてき》だった。がんこに信念をつらぬき、ますます気むずかしくなったせいで、マンハイム工場ではもめごとがつづいた。そのころドイツのレースでは、ダイムラー製《せい》の「メルセデス」が勝利していた。１９０４年から１９０５年のあいだでベンツ車が優勝《ゆうしょう》したのは、「メルセデス」が出場しないときだけだった。だが1906年、ベンツは新しく40馬力《ばりき》のレーシングカーをつくり、設計士《せっけいし》のフリッツ・エルレがドライバーをつとめ、ハイデルベルク近くのケーニッヒスシュトゥールでおこなわれたヒルクライムレースにおいて、メルセデスをやぶってみごと優勝《ゆうしょう》した。

さまざまな問題をかかえながらも、ベンツ社は上流階級の人びとに高品質《こうひんしつ》の自動車を提供《ていきょう》しつづけた。1905年の記録によると、そこにならぶ名前はまるで『バーク貴族名鑑《きぞくめいかん》』(イギリスの貴族《きぞく》全員の名前がのっている本)さながらの顔ぶれだった。そうそうたるヨーロッパ諸国《しょこく》の皇《こう》太子《たいし》、大公《たいこう》、伯爵《はくしゃく》、外交官たちなのだ。

ベンツは妥協《だきょう》をゆるさないがんこな性格《せいかく》だったために、つねに重役や株主《かぶぬし》たちと意見が

メルセデス

自動車レースがおこなわれるようになったのは、19世紀のおわりごろからだった。オーストリア人の富豪《ふごう》エミール・イェリネックは自動車マニアとして有名で、レースの支援《しえん》もしていた。イェリネックは、スピードが出せる車をダイムラー社につくらせ、できあがった車を1899年のレースにエントリーするときに、自分の名前ではなく11歳《さい》の娘《むすめ》の名前「メルセデス」を使った。イェリネックはその後もダイムラー社に新しいレーシングカーをつくらせるが、そのブランド名にも「メルセデス」をつけた。

ぶつかり、復帰《ふっき》3年後の1906年、ふたたび会社を去る。こんどはもう、もどることはなかった。マンハイムの設計事務所《せっけいじむしょ》はニーベルにまかせ、ベンツは妻《つま》のベルタとネッカー川沿《がわぞ》いのラーデンブルクにうつり、ふたりの息子《むすこ》、オイゲンとリヒャルトとともに会社をたちあげた。新会社の名前は、ベンツ・ゼーネ社とした。「ゼーネ」はドイツ語で「息子《むすこ》」の意味だ。ラーデンブルクに工場を建て、ベンツはなににもじゃまされることなく、新しい自動車の開発にとりかかった。

　ベンツ・ゼーネ社の最初の自動車には4気筒《きとう》エンジンを使い、マンハイムでつくっていたオリジナルモデルと同じ特徴《とくちょう》をたくさんとりいれた。2608ccの10／22PSモデルはよく売れ

マンハイムのベンツ工場（1886年〜1908年）

た。

1913年、ベンツと息子《むすこ》たちはフランスのアンリオ・エンジンを試したが、魅力《みりょく》のないものとわかっただけだった。そして、ほどなく第一次世界大戦がはじまり、開発はすべて中断《ちゅうだん》しなければいけなくなった。1914年から1918年にかけての暗い時代、ラーデンブルクの工場ではさまざまな軍事用物資《ぐんじようぶっし》をつくることになった。戦後、ベンツ・ゼーネ社はまた自動車をつくりはじめたが、工場から出荷されたのは、1923年の8／25PSモデルが最後となった。

いっぽう、もとのベンツ社は繁栄《はんえい》をつづけていた。ニーベルは、レーシングカー「ブリッツェンベンツ」を設計《せっけい》した。ベンツ社のグランプリ用レーシングカーは、1908年のフランスグランプリで好成績《こうせいせき》をおさめる。レースにおいても乗用車の生産においても、ベンツ社は勢《いきお》いを増《ま》し、戦後、ダイムラー社メルセデス生産部門との提携《ていけい》がゆっくりと進められ、1926年、当然の結果として合併《がっぺい》した。これが、いまでもよく知ら

れ、高く評価《ひょうか》された「ダイムラー・ベンツ社」である。

その合併《がっぺい》のころ、カール・ベンツはまだ存命《ぞんめい》だった。まえの年の1925年7月、「全国息ぎれ車クラブ」による自動車誕生《じどうしゃたんじょう》40周年《しゅうねん》およびクラブ創立《そうりつ》25周年《しゅうねん》を記念する大規模《だいきぼ》な祝賀会《しゅくがかい》がミュンヘンで開かれ、ベンツは名誉会員《めいよかいいん》としてまねかれた。81歳《さい》で白髪《はくはつ》のベンツはあまり健康ではなかったが、自分が最初につくった3輪自動車に乗り、息子《むすこ》オイゲンの運転で町中をまわった。3輪自動車は、ドイツ博物館《はくぶつかん》がこの日のために特別に貸《か》してくれたもので、ベンツは大歓迎《だいかんげい》を受けた。その後の晩餐会《ばんさんかい》でもベンツは話題の中心となり、「自動車界のジョージ・スティーブンソン」とたたえられた。まさにそのとおりだった。しかし、ひげをたくわえた先駆者《せんくしゃ》は老いて病《やまい》におかされており、公《おおやけ》の場《ば》にすがたを見せたのはこれが最後となった。

ベンツはその後4年間生きた。1929年4月、自動車界のパイオニアに死期がせまっ

その後の社名変更《へんこう》

社名はその後、1998年「ダイムラー・クライスラー」になり、2007年には「ダイムラー」になった。メルセデス・ベンツは商品名（ブランド名）であり、2015年現在《げんざい》、日本でメルセデス・ベンツを販売《はんばい》しているのは「メルセデス・ベンツ日本」という会社だ。

ていると発表されると、ドイツ中の自動車愛好家たちはベンツに、絶大《ぜつだい》な敬意《けいい》を表《ひょう》した。国中から集まった自動車がハイデルベルクとハントシュースハイムのあいだの道に列をつくり、おごそかにラーデンブルクのカール・ベンツ広場へむかった。

　小さな広場は、あらゆる大きさや形の自動車でうめつくされた。どの車も、１８８５年にベンツがつくった不完全な３輪自動車から発展《はってん》したものだ。たくさんの人びとが、つつましいベンツ家の窓辺《まどべ》に集まり、発明者の栄《えい》誉《よ》をたたえた。ベンツ自身はもう起きあがれず、人びとの賛辞《さんじ》を受けとめることはできなかったが、妻《つま》のベルタとふたりの息子《むすこ》、それに親戚《しんせき》や友人たちは、まどから集会を見て人

1925年7月、ミュンヘンでおこなわれた自動車誕生《じどうしゃたんじょう》40周年祝《しゅうねんしゅく》賀会《がかい》でのカール・ベンツ。

びとのやさしさに感謝《かんしゃ》した。それから数日後、1929年4月4日、カール・ベンツは息《いき》をひきとった。85歳《さい》だった。

数年のちの1933年、ラーデンブルクでカール・ベンツ記念碑《きねんひ》の除幕式《じょまくしき》がおこなわれ、家のかべには記念のプレートがとりつけられた。そのむかし、自動車時代の夜明けに世界初の長距離《ちょうきょり》ドライブをしたヒロイン、ベルタ・ベンツは95歳《さい》まで生き、1944年にこの世を去った。折《おり》しも祖国《そこく》ドイツは、機械化し、移動力《いどうりょく》を高めた近代的な軍隊によって、打ちくだかれようとしていた。

妻《つま》ベルタ・ベンツ
1888年に世界ではじめて長距離《ちょうきょり》ドライブを成しとげた。

6 ベンツに乗る

初期のベンツ車を知れば、自動車誕生《じどうしゃたんじょう》の時代のことがよくわかる。じっさいに乗った先《せん》駆者《くしゃ》たちの話はいま読んでもおもしろく、学ぶことが多い。一例として、イギリス人ビジネスマンのH・ヒューエトソンが1903年におこなった壮大《そうだい》なドライブについての記事を見てみよう。その年の8月23日に発行された『オートカー』誌《し》の記事だ。

今年の5月のこと、わたしたちは、H・ヒューエトソン氏が5馬力《ばりき》のベルト駆動式《くどうしき》ベンツで、1日に160キロずつ合計8000キロになるまで走る計画をしているとお伝えした。50日間ものドライブは、現代《げんだい》の自動車になにが必要かを知る、またとないテストだといえよう。ヒューエトソン氏が最初の160キロに出発したのが6月9日。そして最後の160キロを走ったのが7月29日だ。先日、このすばらしい体験について話を聞くことができた。ことのはじまりは1894年の夏だという。当時、イギリスにはきびしい速度《そくど》規制《きせい》があった。法で時速19キロまでみとめられるようになるのは、それより2年先のことだ。ヒューエトソン氏は、そのころ興味《きょうみ》があったコーヒーの仕事でマンハイムへ来ていて、楽しそうに街を走る初期のベンツに目をとめた。自力で走るその小さな機械にすっかり心をうばわれたのだ。そこでベンツの会社をさがしあて、自動車について話を聞いた。先見《せんけん》の明《めい》があるドイツ人紳士《しんし》たちから、「法の問題はさておき、イギリスにも自動車の時代がくる」と太鼓判《たいこばん》をおされて、2台買ってキャットフォードへともちかえった。

ヒューエトソン氏は、イギリスでだいたんにあちこち乗りまわしていたが、ひとりの警部《けいぶ》がやってきて、6週間ほど運転を中断《ちゅうだん》する羽目《はめ》になった。警部《けいぶ》はロン

1909年製《ねんせい》200馬力《ばりき》のレーシングカー
カール・ベンツが去ったあとにベンツ社でつくられた新車。

ドン警視庁《けいしちょう》の仕事で来たのだといい、「そいつ」をまた公道で走らせるようなことがあれば、こんどは見すごすわけにはいかないと告げた。

　そんな時代のこと、ふつうならあきらめるところだが、何千キロも走った自動車愛好家のヒューエトソン氏はちがった。ふたりの若者《わかもの》をやとい、ひとりには車のまえを自転車で走って見張《みは》りをさせ、もうひとりは車の自分のとなりにすわらせた。自転車に乗った見張《みは》りは、制服《せいふく》を着た警官《けいかん》が遠くにいるのを見つけると、すぐに車へ知らせにくる。それをうけて、車に乗っていた若者《わかもの》は車からおりて、5センチ四方の赤い布を棒《ぼう》につけた旗をもって、**車のまえを歩くのだ**。こうして、法の目があるところでは法を守って、トラブルをさけた。

1909年製《ねんせい》「フェートン・ランドレー」
ようやく馬車の形からはなれてきた。

ヒューエトソン氏はほかにも画期的なことをしているが、それはまたの機会に紹介《しょうかい》するとして、今回は最新の功績《こうせき》についてとりあげる。長距離《ちょうきょり》ドライブを思いたった理由をたずねた。

「いまだにたくさんの人が、自動車はこわれるものだと思っています。だから、そういう人を毎日ひとりずつ乗せて、1日160キロを50日間、故障《こしょう》らしい故障《こしょう》をせずに走ることができれば、こわれるなんてばかばかしい思いこみをなくせるのではないかと考えたのです」

「すばらしいですね、ヒューエトソンさん。そしてじっさいに5馬力《ばりき》の標準的《ひょうじゅんてき》なベンツ車で、毎日160キロずつ合計8000キロを、大きな故障《こしょう》もなく運転されたわけですね」

「その通りです。50日間、自動車がどんなようすだ

車のまえを歩くのだ

イギリスでは1865年、公道を走る自動車のまえを赤い旗をもった人が歩いて先導《せんどう》することが義務《ぎむ》づけられた（赤旗法《あかはたほう》）。1896年に廃止《はいし》。

ったかを、正確《せいかく》に話しましょう」

ここでヒューエトソン氏は、日記をとりだした。行程《こうてい》や正確《せいかく》な距離《きょり》、いっしょに乗った人の名前、天気や道路の状態《じょうたい》など、毎日のドライブについて記録されている。

「ああ、そうだ。一度チェーンをさわっています。それから、鎖《くさり》歯《は》車《ぐるま》を一度交換《こうかん》しました。これは、ずっと天気が悪かったのと、サリーやサセックス、ハンプシャーあたりの道路がひどくぬかるんでいたせいです。ベルトには、最初から最後まで一度もさわっていません。これで、ベルト駆動《くどう》反対派《はんたいは》の人たちには考えなおしてもらえるかもしれませんね。いっしょに乗った50人が証人《しょうにん》です。車は、最初から最後まで問題なく走りました。ドライブをはじめたばかりのときより、いまのほうがもっとよく走るように

1911年製《ねんせい》「フェートン」
4気筒《きとう》エンジン搭載《とうさい》。

なっているくらいです」

「とくに気に入ったルートはありましたか」

「ロンドンより西のオーディアムへ行くのが好きでした。リッチモンド・パークからキングストン、ステインズ、エガム、サニングデール、バグショット、ブラックウォーターそれからハートフォードブリッジ・フラッツを通って、オーディアムまで行きます。帰りはファーナムから、ホッグズバックを走り、ギルフォード、それからリプリー・ロードを通ります。このルートは30回ほど走りました。なぜかというと、オーディアムにあるジョージ・ホテルのオーナー、ヒースさんがよくしてくれるからです。ここは自動車愛好家にとって理想的なホテルですよ。駐車料金《ちゅうしゃりょうきん》はかからないし、料理がおいしく、ワインも最高です。南のブライ

有名なレーシングカー
1911年製《ねんせい》「ブリッツェンベンツ」

トンへも往復《おうふく》しましたし、1～2回、オーディアムよりさらに西のバースへも走りました」

「ガソリンの使用量についても書いていますか」

「もちろんです。乾燥《かんそう》した日なら、だいたい1リットルあたり16キロメートル弱です。でも湿度《しつど》が高いと、せいぜい10キロメートルくらいですね」

「馬とのトラブルはありましたか」

「一度だけ。キャンバリーで、ルブレット大尉《たいい》が乗っていた馬が身をよじり、馬具がはずれてしまったんです。車にぶつかって、けがをしていました」

「タイヤについてはどうですか」

「前輪にはクリッパー・ミシュランの空気タイヤ、後輪にはコノリーのソリッドタイヤを使いました。すばらしい組みあわせだったと思います」

タイヤについて

1867年、タイヤにはじめてゴムが使われた。それは、空気の入っていないゴムの輪を車輪にかけた、ソリッドタイヤだった。その後、アイルランドの獣医《じゅうい》ダンロップが、10歳《さい》の息子《むすこ》が楽に自転車に乗れるようにと考えて、1888年に空気入りタイヤを発明した。

空気入りタイヤを最初に自動車に使ったのは、フランスのミシュラン兄弟だった。ミシュラン兄弟は1895年、フランスのパリとボルドー間を往復《おうふく》するレースで、空気入りタイヤをつけた自動車をはじめて走らせた。

「パンクはしましたか」

「3回ほどしましたが、たいしたことはありません。8000キロ走って、空気を入れたのは10回です。優秀《ゆうしゅう》じゃないですか」

たしかに優秀《ゆうしゅう》だ。だがこれは、ベルト駆動式《くどうしき》ベンツとしてはだいたんな挑戦《ちょうせん》だった。初期の自動車が走る光景をいきいきと伝える記事だが、ヒューエトソンが自動車を売ろうとしていたこともわすれてはいけない。この過酷《かこく》なドライブで使用した型の自動車をオークションにかけ、その収益《しゅうえき》を病院に寄付《きふ》した。カール・ベンツは宣伝《せんでん》の効果《こうか》など興味《きょうみ》がなかったかもしれないが、H・ヒューエトソンは、その点も意識《いしき》して話している。

初期のベンツ車がじっさいどのようなものであったかは、H・O・ダンカンが自費出版《じひしゅっぱん》した『自動車の世界』にくわしい。1887年と1888年の自動車について、ダンカンはつぎのように書いている。

「振動《しんどう》はいつものこと。初期のベンツ車に乗った先駆者《せんくしゃ》たちは、エンジンの振動《しんどう》に合わせて車体がまえにうしろにとはげしくゆれていたのをわすれないだろう。停止しているベンツ車を見たアメリカ人は、とまっているのに、その場で明らかに動いているといったものだ。当時エンジンの空《から》ぶかしはよくあることだったが、そうすると、車全体がただならぬ勢《いきお》いで振動《しんどう》する。だがおもしろいことに、走りだすと落ちついて、ゆれはそんなにめだたなくなる。車を買った人はじゅうぶん満足し、快適《かいてき》に乗っていた。ほかの会社が出した初期の自動車にもこのような振動《しんどう》はあったが、ベンツほどひどくはなかった」

初期の自動車を買った人たちのパイオニア精神《せいしん》は、自動車をつくった人たちに負けないくらいだった。もっとも、ヒューエトソンほどしんけんに自動車やドライブのことを考えていた人はまれだ

1921年製《ねんせい》「シュポルトバーゲン」
最高時速90キロ、毎分3200回転、45馬力《ばりき》。

ったが。

もしかしたらヒューエトソンは、オーディアムからファーナムへもどるとちゅうで、ジョン・ヘンリー・ナイトという人物に会って話をしているかもしれない。ナイトもまたイギリスの熱心な自動車愛好家で、1895年には自分で自動車をつくった。まずは3輪自動車をつくり、その後、1896年5月のクリスタルパレス・モーターショーにむけて4輪に改良した。その自動車はいまも、ビューリーにある英国国立自動車博物館に所蔵《しょぞう》されている。

ナイトは、才能《さいのう》あふれる技術者《ぎじゅつしゃ》であっただけでなく、当時の自動車についてすばらしい本も書いた。この本は、多くの文献《ぶんけん》のなかでもとくに、注目《ちゅうもく》の的《まと》だったベンツ車についてひじょうにわかりやすく伝えている。1902年出版《しゅっぱん》の『ライトモーターカー・アンド・ヴォアチュレット』だ。

「ベンツ車のうしろをあけると、内部の機械がおでましだ。まんなかにエンジン、その右にフライホイール、さらにその右にはクランクシャフトがあり、高速用と低速用のふたつのプーリーがついている。左にはキャブレターがあり、細い銅製《どうせい》のパイプで燃料《ねんりょう》タンクとつながっている。その上部からは、パイプが前方のスロットルバルブと混合弁《こんごうべん》にのびている。このスロットルバルブを運転席の左側にあるレバーで動かして、シリンダーへ流れこむガソリンと空気の混合気量《こんごうきりょう》を調整する。

エンジンの両側に銅製《どうせい》のタンクがある。ひとつにはガソリン、もうひとつには水が入っている（車によっては両方のタンクに水を入れ、ガソリン用タンクは座席《ざせき》の下にある）。このふたつのタンクが、車のボディ側面を形成している。水は冷却水《れいきゃくすい》で、シリンダー内で混合気《こんごうき》が燃焼《ねんしょう》してエンジンが高温になるのをふせぐ。シリンダーが熱くなりすぎるとパワーが落ちるし、シリンダー内の潤滑油《じゅんかつゆ》が燃《も》えてなくなってしまうため、ピストンの摩擦《まさつ》がはげしくなり、シリン

1923年製《ねんせい》のすぐれたディーゼルトラック
ベンツの貨物自動車をわすれてはいけない。

ダー内部とピストンの両方がいたむことになる。水用タンクは、シリンダーのウォータージャケットと、流出用パイプ、流入用パイプでつながれ、水が循環《じゅんかん》するようになっている。シリンダーの上には、真鍮《しんちゅう》か銅製《どうせい》の分離器《ぶんりき》があり、水と蒸気《じょうき》を分ける。ここで分けられた蒸気《じょうき》は、座席《ざせき》のうしろにある環状《かんじょう》のチューブに流れこむ。これが復水器《ふくすいき》だ。ここで大部分の蒸気《じょうき》が冷やされてふたたび水になり、タンクにもどる。残りの蒸気《じょうき》は、放出管から地面へ出ていく。

シリンダーを水で冷やすことには、ひとつ問題がある。それは、凍結《とうけつ》によるダメージを受けやすいということだ。シリンダーが凍《こお》ってひびわれるとたいへんだ。ベンツの場合、修理《しゅうり》に5ポンドから6ポンド（約8万~10万円）かかる。冬場は必ず、専用《せんよう》の蛇口《じゃぐち》をあけてタンクをからっぽにしておかなくてはいけない。ところが、蛇口《じゃぐち》はおかしなところにある。車体の下、ちょうどまんなかあたりだ。蛇口《じゃぐち》の取っ手にうまくひっかけられるような棒《ぼう》があれば便利だろう。冷却水《れいきゃくすい》にグリセリンをまぜれば凍《こお》らない。分量は水の5分の1でじゅうぶんだ。グリセリンは蒸発《じょうはつ》しないので、タンクには水を足すだけでよい。ふつうの塩でも凍結《とうけつ》はふせげるが、金属《きんぞく》がさびてしまうので、おすすめしない。

エンジンの左側にある銅製《どうせい》の筒《つつ》がキャブレターだ。上部の金網《かなあみ》から空気が入り、垂《すい》直《ちょく》のパイプを通ってガソリンの表面にふれる。空気は気化したガソリンとまじりあい、混合気《こんごうき》となって、キャブレター上部の管からエンジンに送りこまれる。キャブレターのなかの浮《う》き子《こ》は、ガソリンの液面《えきめん》をいつも適切《てきせつ》な高さにするもので、必要な量になるようにガソリンをとめたり入れたりという調節をする。

座席《ざせき》の下に、混合弁《こんごうべん》とスロットルバルブがある。混合弁《こんごうべん》は、混合気《こんごうき》にさらに空気を送りこむためのもの。スロットルバルブは、エンジンに送られる混合気《こんごうき》の量を変えるものだ。これによって、車が走るスピードを調整する。さらに、金網《かなあみ》を重ねたふたがあるのは、シリンダーのなかで燃焼行程《ねんしょうこうてい》よりも早く爆発《ばくはつ》が起こってキャブレターに逆《ぎゃく》もどりし、ガソリンに引火《いんか》したりしないためのしくみだ。これは、炭鉱《たんこう》で爆発《ばくはつ》をふせぐために使われたデービー灯（イギリスの化学者ハンフリー・デービーが発明した安全ライト）の金網《かなあみ》と同じ働きをする。

座席《ざせき》の下には、シリンダーのなかで混合気《こんごうき》に点火する電気装置《でんきそうち》がある。蓄電池《ちくでんち》ふたつと誘導《ゆうどう》コイルだ。

誘導《ゆうどう》コイルは、ふたつのコイルからできている。鉄の芯《しん》に、絶縁《ぜつえん》された針金《はりがね》が巻《ま》かれたものが「一次コイル」。そのコイルの上にさらに「二次コイル」を巻《ま》く。絶縁《ぜつえん》された、長さ１２００メートルのとても細い針金《はりがね》を巻《ま》くのだ。コイルに蓄電池《ちくでんち》からの電流を流すにあたり、針金《はりがね》を巻《ま》く回数が多いほど、高い電圧《でんあつ》が得られるからだ。誘導《ゆうどう》コイルを使うことで、コイルに流れる電流から起こす火花を、確実《かくじつ》にシリンダーのなかにとばすことができる。火花は約1センチとぶ。二次コイルの一方《いっぽう》の先端《せんたん》はエンジンの金属部分《きんぞくぶぶん》に接続《せつぞく》されている。もう一方《いっぽう》の先端《せんたん》は絶縁被覆《ぜつえんひふく》されて、セラミックの点火装置《てんかそうち》を通り、シリンダーのなかに電気火花を起こす。点火装置《てんかそうち》の針金《はりがね》の先端《せんたん》どうしは１・５ミリはなれている」

このように、ジョン・ヘンリー・ナイトは自動車の各部分についてとてもくわしく説明している。ベンツの蓄電池《ちくでんち》は、25時間から30時間使用したあと充電《じゅうでん》しなくてはいけないという。また、ベンツ車がとりいれているラック・アンド・ピニオン式のステアリングシステムをほかの車が使っていないことについて、きびしく批判《ひはん》している。

「最近、ステアリングにチェーンを使っている自動車が市場《しじょう》に出てきた。しかし、チェーンがいかにバランスよくできていたとしても、連結がうまくいかないと深刻《しんこく》な事故《じこ》をひきおこす危険《きけん》がある。ステアリングの一部にでもチェーンが使われている自動車には、乗ってはいけない」

ナイトは、ベンツ車の特徴《とくちょう》であるデファレンシャルギア（43ページのコラム参照）について も、くわしくふれている。また、ベンツが標準《ひょうじゅん》としたタイヤを多くのオーナーがすぐに交換《こうかん》する理由について説明している。

「もともとベンツがつけたタイヤは、車輪にタイヤを固定しておくために、まんなかにワイヤーが1本入っていた。これでは、回転するうちに曲がったりずれたりしてすぐに折れ、タイヤがはずれてしまうはずだ。「ベンツ・イデアル」のタイヤは、ビード部分に2本以上のワイヤーを通して固定されているので、ワイヤーが折れてタイヤがすぐにはずれることはない。「ベンツ・イデアル」のタイヤはゴムの質《しつ》がよく、長持ちする。ほかの人の経験《けいけん》もあわせて考えれば、このタイヤのベンツ車なら、タイヤをはきつぶすまえに1万3000キロ～1万6000キロ走れるだろう。これは、地球の直径とほぼ同じ距離《きょり》だ」

最後にナイトは、初期のベンツ車についていた、現代《げんだい》のハンドブレーキにあたるものについても書いている。

「輪止《わど》めは、急な坂で停止したときに車がうしろに下がらないよう、車軸《しゃじく》につけられている棒《ぼう》のことだ。車につきささって見え、先がとがっていることから、「悪魔《あくま》」ともよばれる。運転手の手元にあるコードで上げたり下げたりする。するどくとがった先端《せんたん》がけずれてしまわないように注意しなければいけない。先がにぶくなると、きちんと役目をはたさなくなるからだ。車が数十センチバックして、がくんととまってスプリングの下の車軸《しゃじく》がずれるかもしれない。あるいは「悪魔《あくま》」をひいてしまうことも！」

このように、初期の自動車にはおそろしいこともあった。当時の自動車愛好家たちが、いまなら信じられないような挑戦《ちょうせん》をし、失敗もしてくれたおかげで、自動車はすばらしい進化をとげた。カール・ベンツになったつもりで想像《そうぞう》してみよう。頭で思いえがいた自動車をつくり、じっさいに走らせるというのは、どれほどたいへんなことだったのか。たとえがんこ者といわれようが、ベンツのすばらしい功績《こうせき》は、まさしく賞賛《しょうさん》にあたいする。

自動車の父カール・ベンツの記念碑《きねんひ》
1933年、自動車誕生《じどうしゃたんじょう》の地《ち》マンハイムに建てられた。

パテントモトールバーゲンの運転方法

カール・ベンツは、1885年にじっさいに走るガソリン車を完成させ、1886年に特許《とっきょ》をとった。特許《とっきょ》をとった3輪自動車パテントモトールバーゲンの運転方法を見てみよう。

1　エンジンをかけるまえに

・運転席の左にあるレバー（①）を、いちばんうしろまでひいておく。ドライブベルトが空転プーリーにかかっているので、車は停止している。

2　エンジンをかける

・イグニッションスイッチ（②）で電源《でんげん》を入れる。電気装置《でんきそうち》は、座席《ざせき》の下にある。
・フライホイール（③）をいきおいよくまわしてエンジンをかける。

3　走らせる

・運転席左のレバー（①）を、ゆっくりまえへたおして発進する。

レバーをいちばんうしろまでひいておく

レバーをまえへたおすと、空転《くうてん》プーリーにかかっていたドライブベルトが駆動《くどう》プーリーへ移動《いどう》し、車がまえへ走りだす。

・前進のみでバックはできないが、運転席まえにあるティラー（棒《ぼう》ハンドル＝④）で、左右のかじとりはできる。

・バックさせたいときは、レバー（①）をうしろにひいてドライブベルトを空転《くうてん》プーリーにのせ、ニュートラルの状態《じょうたい》にして、人がおして動かす。

4　停止する

・車をとめるときは、運転席の左にあるレバー（①）をゆっくりうしろへひいてブレーキをかける。ドライブベルトは駆動《くどう》プーリーから空転《くうてん》プーリーへうつり、車がとまる。

・イグニッションスイッチ（②）で電源《でんげん》を切り、エンジンをとめる。

※空転プーリー、駆動《くどう》プーリー、ドライブベルトについては、42ページ参照。

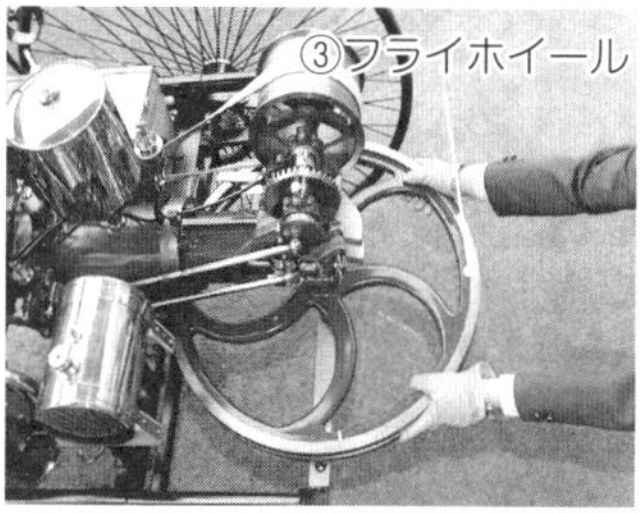

フライホイールをまわしてエンジンをかける

レバーをまえにたおして発進

④棒《ぼう》ハンドル

レバーをうしろにひいてとまる

取材協力・写真提供《ていきょう》：トヨタ博物館《はくぶつかん》

パテントモトールバーゲンをつくってみる

産業技術短期大学《さんぎょうぎじゅつたんきだいがく》ものづくりプロジェクト

兵庫県《ひょうごけん》にある産業技術短期大学《さんぎょうぎじゅつたんきだいがく》では、課外活動「ものづくりプロジェクト」として、カール・ベンツがつくった世界初のガソリン車を、学生たちがひとつひとつの部品から手づくりした。2014年秋からとりくみ、2015年冬に完成、2016年1月には走行に成功した。

* *

2015年夏、製作中《せいさくちゅう》の学校で、講師《こうし》の久保田憲司《くぼたけんじ》先生に話をうかがった。

ふるきをたずねて新しきを知るためのプロジェクトである。自動車があってあたりまえの時代にくらす学生たちが、いまのような数値制御《すうちせいぎょ》ができる機械がない130年まえに、ベンツがどんな思いや考えをもってこれをつくったのかを知ろうというのが目的だ。

愛知県のトヨタ博物館に所蔵《しょぞう》されている、メルセデス・ベンツ公式のレプリカ（本物そっくりにつくられたもの）を採寸《さいすん》し、CAD《キャド》（コンピューターを使った設計法《せっけいほう》）で図面を作成した。久保田先生の指導《しどう》のもと、自動車のしくみを学び、写真などの資料を参考に真似《まね》ながらつくっていった。

たとえば運転席。いすの木材に丸みをもたせる細かな部分まで真似《まね》ながら、「ベンツはこのような見た目の美しさにもこだわりをもって自分でつくったのだろうか、それとも家具職人《かぐしょくにん》にたのんだのだろうか」と思いをはせたという。

現代《げんだい》の自動車では垂直《すいちょく》についているフライホイールを、ベンツは水平につけた。ベンツも数年後には垂直《すいちょく》につけるようになるのだが、最初はコマの原理をもとに安定性《あんていせい》を求めたのだろうか。安定性《あんていせい》を考えるのなら、車体を低くすればよさそうだが、馬車の時代には馬車と同じ高さにするのが当然だと思ったのだろうか。このように、ベンツに「どうして？」と聞いてみたいことが、つぎつぎに出てきておもしろいという。

卒業・入学時期にメンバーの入れかわりはあるが、ものづくりに興味《きょうみ》のある学生がつねに10名~15名かかわってきた。メインフレーム、サスペンション、車輪のホイール、バッテリーボックス、軸受《じくう》けなど、大小さまざまな各パーツを、つくっては修正点に気づき、何度も最初からつくりなおす。130年まえ、先に発明されていたものはうまくとりいれ、新しいものをつくりだすために試行錯誤《しこうさくご》をくりかえしたベンツに、気持ちが重なる。

＊＊

2015年12月、大阪《おおさか》モーターショーに、かれらの完成したばかりのベンツ・パテントモトールバーゲンが展示《てんじ》された。未来を意識《いしき》した新車が集まるモーターショーの一角《いっかく》で、学生が手づくりした3輪のガソリン車は多くの自動車愛好家の注目を集めていた。運転席にすわってティラー（棒《ぼう》ハンドル）やレバーをにぎる人、学生にくわしい話を聞く人、手づくりエンジンがかかるようすのモニターに見入る人などでにぎわった。完成まぎわの1か月は徹夜《てつや》をして作業を急いだ学生たち。各自が並行《へいこう》してつくっていたパーツが組みあわさって完成した車のすがたを見たとき、そしてエンジン音をはじめて聞いたときは大きな感動をあじわった。学生の研究のためにと、無償《むしょう》で鋳造《ちゅうぞう》（高温でとかした金属《きんぞく》を目的の形にかためる加工法のこと）などの協力をしてくれた町工場《まちこうば》のかたへの感謝《かんしゃ》のことばも出た。

大阪モーターショーに展示《てんじ》。台座《だいざ》も手づくり。

＊＊

2016年1月末。キャブレターなどの最終調整《さいしゅうちょうせい》をし、学校の敷地《しきち》でじっさいの走行に成功した。ダッダッダとエンジン音をひびかせて運転する。またベンツの気持ちに一歩近づいた。

取材協力・写真提供《ていきょう》：産業技術短期大学《さんぎょうぎじゅつたんきだいがく》

ベンツ略年表《りゃくねんぴょう》

1844年	11月25日、ドイツのミュールドルフで誕生《たんじょう》
1846年	父ヨハン・ゲオルグ・ベンツが肺炎《はいえん》で亡《な》くなる
1859年	エティエンヌ・ルノワールが、フランスのパリでガスエンジン開発の会社を設立《せつりつ》し、最初の内燃機関《ないねんきかん》の製造《せいぞう》に成功
1862年	ルノワールが、発明したガスエンジンを使って馬なし馬車をつくるが失敗におわる フランスの技術者《ぎじゅつしゃ》アルフォンス・ボー・ド・ロシャが、4サイクルエンジンを提唱《ていしょう》する
1865年	ルノワールが、ガスエンジンで動くボートに成功
1868年	オーストリアのジークフリート・マルクスが、4サイクルエンジンをつくり、4輪の馬なし馬車の完成まであと一歩となる
1871年	マンハイムに、最初の会社ベンツ・ウント・リッター社を設立《せつりつ》
1872年	ベルタ・リンガーと結婚《けっこん》
1873年	長男オイゲンが誕生《たんじょう》

1874年	次男リヒャルトが誕生《たんじょう》
1875年	発明家ジークフリート・マルクスが、自作の馬なし馬車をメクレンブルグで運転するが、その後の開発に失敗
1876年	ニコラス・オットーが、4サイクルエンジンの特許《とっきょ》を取得
1878年	12月31日に、ベンツの2サイクルエンジンが完成する
1880年	ベンツのエンジンが好調。定置型エンジンの生産に入る
1881年	マンハイマー・ガスエンジン工業を設立《せつりつ》
1882年	事業パートナーが会社の資金《しきん》ぐりに失敗。経営陣《けいえいじん》の交代があり、マンハイム・ガスエンジン工業となる。ベンツは会社を去り、エンジンの権利《けんり》をめぐる訴訟《そしょう》に負ける ゴットリープ・ダイムラーが、カンシュタットにエンジン開発の工場を設立《せつりつ》
1883年	新たな支援《しえん》をうけ、ベンツ商会ライニッシェ・ガスエンジン工業を設立《せつりつ》 ルノワールが、4サイクルエンジンを作成 ダイムラーが、熱管点火方式《ねつかんてんかほうしき》を完成させ、高速エンジンの生産を可能《かのう》にする
1885年	ベンツが世界最初の実用的な自動車をつくり、テストに成功 ダイムラーが、カンシュタットで最初のオートバイをつくる

1886年	ベンツが自動車の特許《とっきょ》をとる（パテントモトールバーゲン） ダイムラーとビルヘルム・マイバッハが、4輪自動車をつくる
1887年	ベンツが3輪自動車の生産をはじめる
1888年	妻《つま》ベルタ・ベンツが、自動車ではじめての長距離《ちょうきょり》ドライブに成功 ベンツは水平のフライホイールをやめる
1889年	パリ万国博覧会《ばんこくはくらんかい》に出品。それがきっかけでフランス人のエミール・ロジェがフランスでの代理人となる。当初からの支援者《しえんしゃ》マックス・C・ローゼとフリードリッヒ・W・エスリンガーが会社を去り、新たにフリードリッヒ・フォン・フィッシャーとユリウス・ガンスがくわわり、成功にむけて動きだす
1891年	ベンツが最初の4輪自動車をつくる フランスでパナール・ルバソール社が、車体の前方にエンジンを搭載《とうさい》した車を開発
1892年	ベンツの助手として、設計技師《せっけいぎし》のアウグスト・ホルヒが入社。4輪自動車をテストする ダイムラーの共同経営者《きょうどうけいえいしゃ》マイバッハが、フロート式ジェットキャブレターを開発
1893年	ベンツの4輪自動車「ビザビ」の生産がはじまる
1894年	ベンツ「ベロ」の最初のモデルが量産される

1895年	エミール・ルバソールが、パリ・ボルドー間往復《おうふく》の自動車レース完走 パナール・ルバソールが、最初の箱型自動車をつくる ミシュラン兄弟が、空気入りタイヤを導入《どうにゅう》 イギリスのランチェスター兄弟が、シャフトドライブの特許《とっきょ》を取得
1897年	ベンツが最初の2気筒《きとう》エンジンをつくる フランスのモールが、V4エンジンを導入《どうにゅう》 オーストリアのグラフ兄弟が、最初の前輪駆動車《ぜんりんくどうしゃ》をつくる
1898年	ベンツがフランスとイギリスで400台を販売《はんばい》する イギリスのパーシー・ライリーが、機械式吸入《きかいしききゅうにゅう》バルブを導入《どうにゅう》 ダイムラーが、最初の直列《ちょくれつ》4気筒《きとう》エンジンをつくる
1899年	ベンツが最初のレーシングカーを生産。また、4速ギアボックスを搭載《とうさい》したベンツ車をはじめて生産 ダイムラーが、ヘッダータンク、ゲート型ギアチェンジ、足元操作《あしもとそうさ》のアクセル、ハニカム式ラジエーターを導入《どうにゅう》 フランスのルノーが、スプリングつきのリアアクスルとユニバーサル・ジョイントつきのシャフトドライブを開発 ディートリッヒ・ボレーが、フロントガラスを特別仕様《とくべつしよう》のオプションとして提供《ていきょう》

1900年	ベンツが水平対向エンジン搭載《とうさい》20馬力《ばりき》のレーシングカーを導入《どうにゅう》
1901年	ベンツが4気筒《きとう》エンジンの生産をはじめる
1902年	ベンツ車を最新式にするために、ガンスがフランス人技術者《ぎじゅつしゃ》をやとう オランダのスパイカーが、直列《ちょくれつ》6気筒《きとう》エンジンを搭載《とうさい》した4輪駆動車《りんくどうしゃ》を生産 レオン・ボレーが、燃料噴射《ねんりょうふんしゃ》システムの特許《とっきょ》を取得 フレデリック・ランチェスター博士が、ディスクブレーキを設計《せっけい》
1903年	財務上《ざいむじょう》の損失《そんしつ》を受けて、カール・ベンツと息子《むすこ》オイゲン・ベンツが退社《たいしゃ》 ドイツのアドラーが、スイング・アクスルサスペンションの特許《とっきょ》を取得 フランスのモールが、ショックアブゾーバーつきの車を販売《はんばい》 イギリスのモーズレーが、オーバーヘッドカムシャフト機関つきの車をはじめて販《はん》売《ばい》 フランスではアデルが、最初のV8エンジンを生産
1904年	ベンツ社からガンスが去り、ベンツがもどる。4気筒《きとう》シャフトドライブ式の生産に成功する。ハンス・ニーベルが設計助手《せっけいじょしゅ》として入社 アメリカのスタートバントが、はじめてのオートマティック・トランスミッション車を販売《はんばい》 キャデラックが、盗難防止用《とうなんぼうしよう》のイグニッションロックをオプションで提供《ていきょう》

1905年	アメリカでは不凍液《ふとうえき》が販売《はんばい》される。排気《はいき》ガスを利用したヒーターも登場する
1906年	ベンツは会社を去り、ラーデンブルクで息子《むすこ》たちとベンツ・ゼーネ社をたちあげる ロールス・ロイスが、「シルバー・ゴースト」の販売《はんばい》を開始 フランスではとりはずし可能《かのう》なホイールリムが、アメリカではバンパーが、導入《どうにゅう》される
1913年	ベンツ・ゼーネ社でフランスのアンリオ・エンジンを実験する
1914年〜1918年	ヨーロッパは第一次世界大戦のうずにまきこまれる
1923年	ベンツ・ゼーネ社の生産を停止する
1925年	自動車誕生《じどうしゃたんじょう》40周年《しゅうねん》を記念したミュンヘン祝賀会《しゅくがかい》に、ベンツが来賓《らいひん》としてまねかれる
1926年	ベンツとダイムラーが合併《がっぺい》
1929年	4月4日、ベンツが、ラーデンブルクにて85歳《さい》で死去《しきょ》
1933年	ラーデンブルクに、ベンツの像《ぞう》と記念碑《きねんひ》が建てられる
1944年	妻《つま》ベルタ・ベンツが95歳《さい》で死去《しきょ》

ま

や

ら

は

索《さく》引《いん》

太数字は、キャプション

作者―ダグ・ナイ（Doug Nye）

1945年生まれ。イギリスのモータージャーナリスト。1963年からモーター・レーシング誌、1968年にはモーター・スポーツ誌、モータリング・ニュース誌を経て、その後フリーランスのライターになり、世界中の自動車雑誌に寄稿。また自動車関連の著書を多く執筆。邦訳書は『チーム・マクラーレンの全て』（CBS・ソニー出版）、『歴史に残るレーシングカー』（グランプリ出版）、『ジム・クラーク／偉大なるヒーロー像』（ソニー・マガジンズ）。

訳者―吉井知代子（よしい　ちよこ）

大阪市立大学文学部卒業。訳書に『キノコ雲に追われて』（あすなろ書房）、『科学者たちの挑戦』（ゆまに書房）、『ポップ☆スクール』（アルファポリス）、『ドールハウス：イギリス、ビクトリア時代のいえのひみつ』（大日本絵画）、『救助犬ベア』（金の星社）ほか。共訳書に『アンドルー・ラング世界童話集』全12巻（東京創元社）。

取材協力：産業技術短期大学・トヨタ博物館

装画：小平彩見
装丁：中浜小織（annes studio）
協力：河尻理華

編集・制作：株式会社 本作り空 Sola

世界《せかい》の伝記《でんき》 科学《かがく》のパイオニア
ベンツと自動車《じどうしゃ》

2016年5月10日　初版第1刷発行

作　者――――ダグ・ナイ
訳　者――――吉井知代子
発行者――――小原芳明
発行所――――玉川大学出版部
〒194-8610　東京都町田市玉川学園6-1-1
TEL 042-739-8935　FAX 042-739-8940
http://www.tamagawa.jp/up/
振替：00180-7-26665
編集　森　貴志
印刷・製本――図書印刷株式会社

ISBN978-4-472-05970-4　C8323 / NDC289